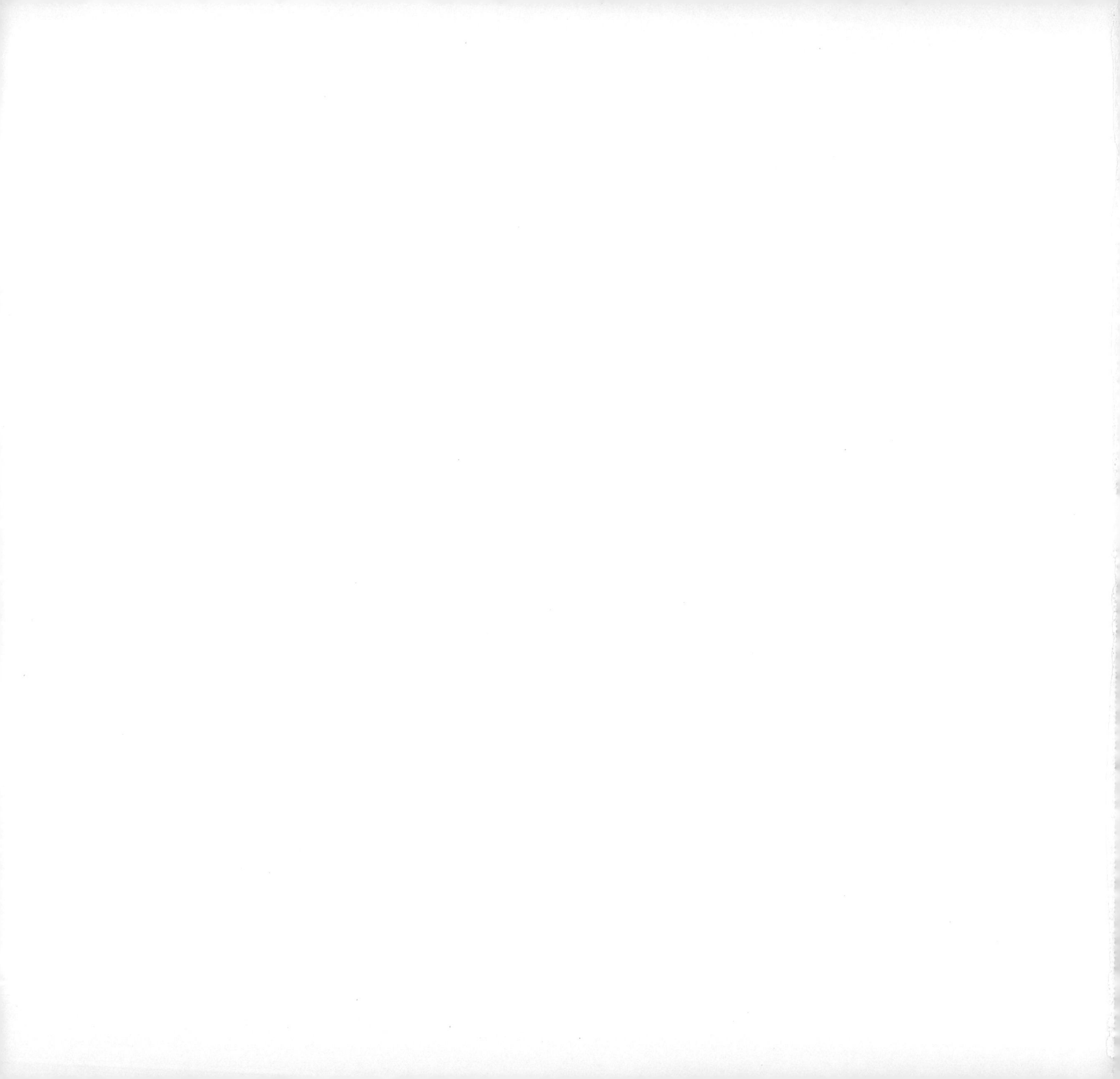

INTERPRETACIONES DEL POEMA

AGOSTO, PERSEIDAS

de Juan Antonio Bernier

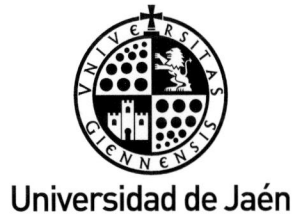

Universidad de Jaén

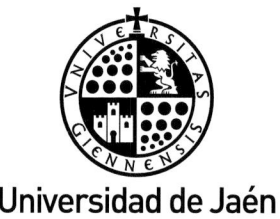

Universidad de Jaén

COORDINACIÓN DEL PROYECTO	Esther Gámez Blánquez
	José Tomás Pérez del Moral
	Elena Felíu Arquiola
EDICIÓN	© Universidad de Jaén
	© Autoras/es
	© Poema: Juan Antonio Bernier
	© Fotografías: Fernando Mármol Hueso
	1.ª edición, abril 2024
	Universidad de Jaén. Servicio de Publicaciones
	Vicerrectorado de Cultura
EXPOSICIÓN	Servicio de Actividades Culturales
IMPRESIÓN	Gráficas La Paz de Torredonjimeno, S. L.
ISBN	978-84-9159-588-5
Depósito Legal	J-201-2024

Impreso en España / *Printed in Spain*

El proyecto Libro de Artista, auspiciado por la Editorial de la Universidad de Jaén y coordinado por Elena Felíu Arquiola, llega a su octava edición gracias a la implicación del profesorado y alumnado de la Escuela de Arte José Nogué que, curso tras curso, hace posible la muestra contenida en este catálogo. Desde la Universidad de Jaén, y particularmente desde su Vicerrectorado de Cultura, se fomenta, promueve e impulsa la actividad creadora contemporánea y, más aún, si atañe a la expresión artística desarrollada por jóvenes de nuestro entorno.

Como en el caso de las ediciones anteriores, un poema inspira las obras propuestas por el alumnado de la asignatura 'Proyectos de ilustración II' del Ciclo Superior de Ilustración de la Escuela de Arte José Nogué de Jaén. Tras *Arquero luminoso*, de Juan Antonio González Iglesias, en 2017; el *Poema de la Eterna Dualidad*, de Antonio Colinas, en 2018; *Palabras en el margen*, de Elena Felíu, en 2019; *Jabón*, de Antonio Praena, en 2020; *Breves palabras*, de José Corredor-Matheos, en 2021; *El salto del pez*, de Olalla Castro, en 2022 y *Ojalá no hubiera devorado*, de Yolanda Ortiz en 2023; en esta ocasión, *Agosto, Perseidas*, de Juan Antonio Bernier, a quien agradecemos su generosidad al cedernos sus versos.

Los libros diseñados son producto de la experimentación del alumnado, que muestra su individualidad, identidad y, en definitiva, su creatividad. Texto e imagen establecen un diálogo original y único, materializado en un objeto que supone una obra de arte en sí misma. La elegancia, el equilibrio y la reflexión que muestran las propuestas estéticas, además del dominio técnico, hacen que este proyecto sea, ciertamente, singular.

De hecho, 'La Rueca. Serie Raíz, Libro de Artista' de la Editorial de la UJA ha sido reconocida, en 2023, como mejor colección en los XXVI Premios Nacionales de Edición Universitaria, concedidos por la Unión de Editoriales Universitarias Españolas (UNE). El jurado destacó la reivindicación de la palabra, al reproducir los poemas de figuras cumbre de la literatura española con una gran variedad de técnicas y soportes de impresión.

Agradecemos, pues, la colaboración de la Escuela de Arte José Nogué, especialmente, de su director, Manuel Ramón Molina Rubio, y de los coordinadores del proyecto, Esther Gámez Blánquez y José Tomás Pérez del Moral, ya que su interés y entusiasmo motivan que el alumnado participante se involucre intensamente y, por tanto, elabore obras de gran calidad.

Nicolás Ruiz Reyes
Rector Magnífico de la Universidad de Jaén

AGOSTO, PERSEIDAS

There is a time for the evening under starlight,
A time for the evening under lamplight
T.S. ELIOT

1.

El universo es simple.
Se compone de dos elementos:
de vida que genera poemas
y de poemas.

O al menos eso fue
lo que dijiste.

Las flores amarillas, sublevadas,
brillaban en la sombra
mientras el sol rodaba
por la colina verde.

La noche lentamente discernía
la división de las formas:
las que brillan por sí,
las que se desvanecen.

Era agosto, Perseidas.
Nuestros ojos brillaban.

Porque la luz requiere energía,
pero la oscuridad se cierne sola.

O al menos eso fue lo que dijiste.

2.

Escuchar una voz
como quien oye Perseidas:

sonido de las perlas al caer
sobre un suelo de mármol
o un mar que se retira
para no regresar.

Sonido sucesivo amortiguado,
coloratura lírica.

Me sorprende tu voz,
me sorprende que exista,
que las voces existan.

3.

No es posible agotar
el oscuro motivo
de la luz y la sombra
en una habitación.

Qué distinta la noche,
sola, resplandeciente.

El sol es de cristal.

4.

Palabra más memoria es igual a presente.

Como este poema:
cadáver exquisito enviado a uno mismo
para que otro responda.

Era agosto, Perseidas.
Nuestros ojos brillaban
como las flores amarillas
en la colina verde.

El universo es simple.

Renunciemos al virtuosismo
sin renunciar a la virtud,
porque el orden
es asimétrico.

O al menos eso fue lo que dijiste.

Juan Antonio Bernier, 2023

ARTISTAS Y SUS OBRAS

Ana Aguilar Arias

Descripción

Para ilustrar el texto yo quise representar este poema con un juego de cartas de tarot, ya que asocié la lluvia de estrellas con este tipo de cartas. Para ello lo he dispuesto dentro de una caja de madera para dar consistencia y peso de objeto. En su interior nos encontramos el propio juego compuesto por el tablero dónde se encuentra el poema, y mientras este se va citando vamos a ir a la vez tirando las cartas correspondientes a cada estrofa, existen por tanto un total de 6 cartas ilustradas irán acompañando la lectura del poema.

Tipología	Juego
Técnica y materiales utilizados	Ilustración e impresión digital
Tamaño	Caja de 15 x 8 x 8 cm aproximadamente
N.º de páginas	6 caras

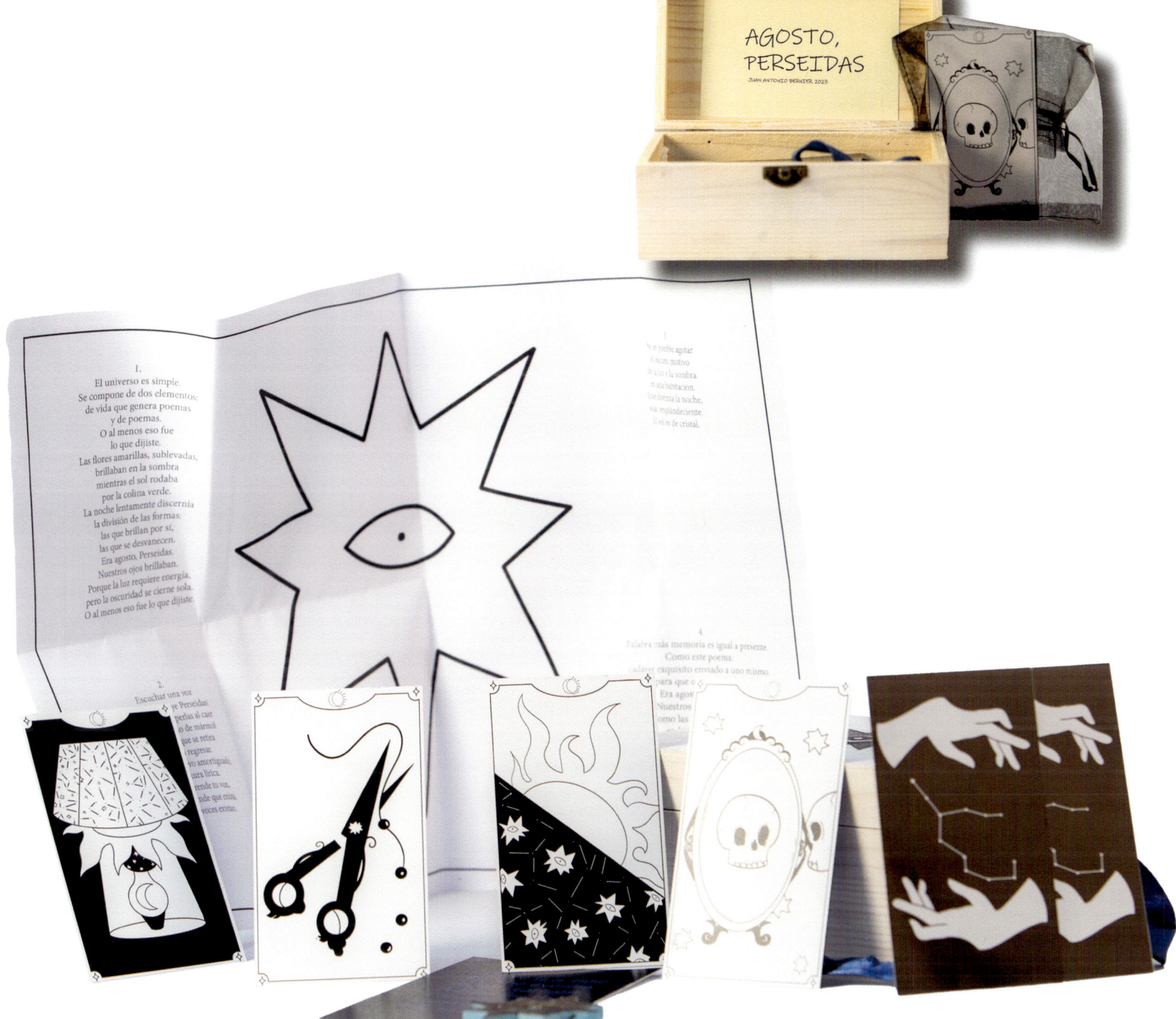

Francisco Alcántara Moreno

Descripción

Para este trabajo, me inspiré en las brújulas y cartas de navegación que se utilizaban en alta mar, ya que como el título remarca, enlacé mis ilustraciones, con las estrellas fugaces, perseidas o conocidas también como lágrimas de san lorenzo.

Puesto que se las llaman así, lágrimas, que me parece una gran forma poética de llamarlas, muy acorde también con el poema, decidí hacer el recorrido de una estrella fugaz, hasta llegar a un primer plano de una mujer que llora estas estrellas, frente a un paisaje en el que también, se ve de fondo, las perseidas caer, enlazando desde mi punto de vista, de una muy buena manera, el sentido poético del texto, y este suceso atmosférico, que tanta simbología tiene, y más para el autor.

Hablando del autor, y de su poema, he planteado mis ilustraciones desde el punto de vista del anhelo, el sentimiento de pérdida, en este caso de lo que parece una relación sentimental, que pasó por una dura ruptura, y recuerda esta relación con una mezcla de cariño y despecho. Justo lo que querría transmitir en este pliego.

Tipología	Acordeón
Técnica y materiales utilizados	Ilustración e impresión digital sobre papel fotográfico
Tamaño	15 x 20 cm
N.º de páginas	6

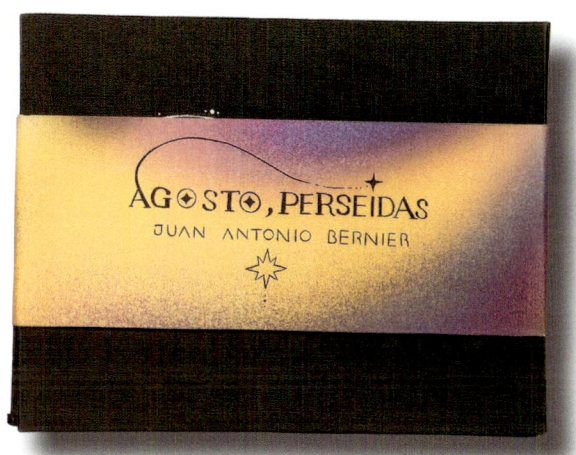

AGOSTO, PERSEIDAS

JUAN ANTONIO BERNIER

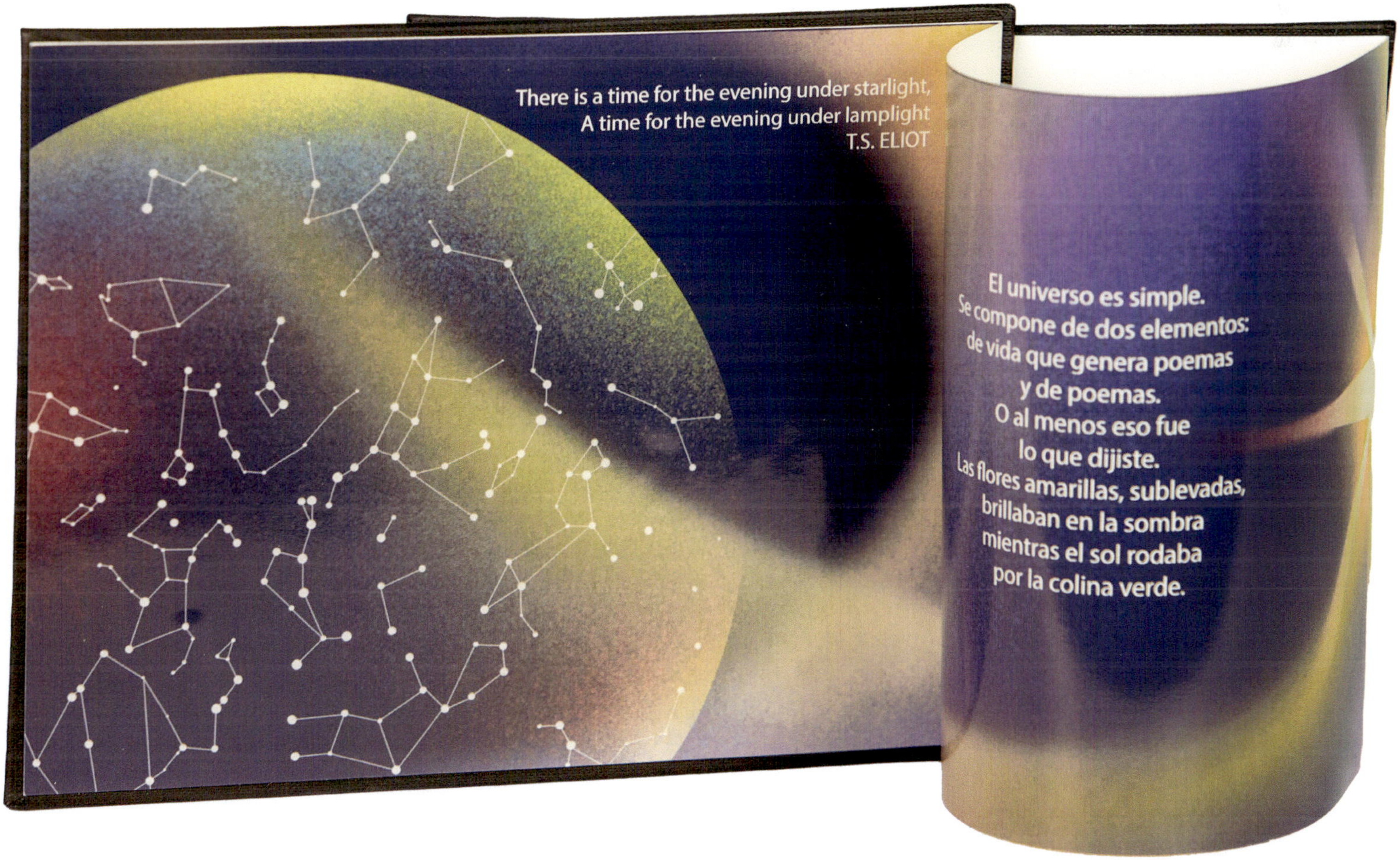

There is a time for the evening under starlight,
A time for the evening under lamplight
T.S. ELIOT

El universo es simple.
Se compone de dos elementos:
de vida que genera poemas
y de poemas.
O al menos eso fue
lo que dijiste.
Las flores amarillas, sublevadas,
brillaban en la sombra
mientras el sol rodaba
por la colina verde.

Ana Berrio Jiménez

Descripción

Para el desarrollo del poema e intentado reflejar la lectura de este poema de una manera más abstracta, onírica y pictórica, buscando apoyar la no literalidad del texto, pero en su lugar poniendo el acento en la expresión de ideas, emociones y sensaciones de una manera poética y simbólica a través de manchas de acuarela.

Para mi el texto parece explorar temas como la dualidad de la vida y la creación artística, la naturaleza efímera de las experiencias humanas y la relación entre la luz y la oscuridad. He tomado como referente principal a Antoni tapies.

Tipología	Acordeón
Técnica y materiales utilizados	Ilustración tradicional, mediante acuarela y collage posteriormente digitalizado
Tamaño	15 x 25 cm
N.º de páginas	6

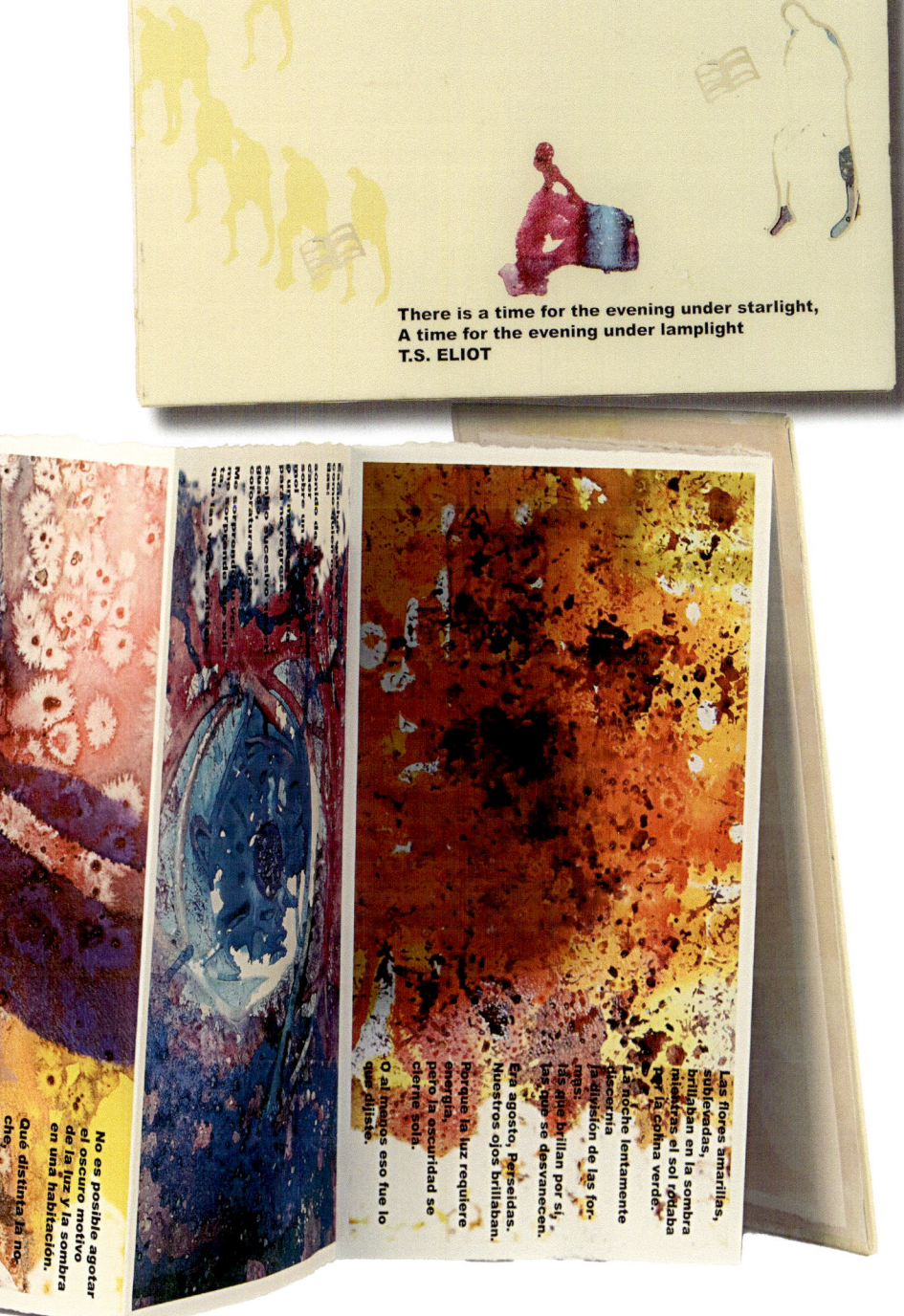

Ana Bonoso Bueno

Descripción

En la portada podemos ver un cráneo de búfalo con un cuerno del revés y con dos flores insertadas en él.

Una vez abierta la primera vez, observamos una taza derramando un universo sobre el río y a la derecha el mismo cráneo de la portada con más detalle, todo esto sobre un suelo desértico y quebrado (esto lo vemos a lo largo de todas las ilustraciones excepto la portada). La segunda vez que se abre, ya completamente, tenemos la ilustración de antes partida además de una más larga, esta contiene una luna y un sol de cristal simbolizando la bombilla de la habitación, alguna que otra perseida y dos flores amarillas mezcladas con lo que es un ojo, una de ellas mirando a otra con nostalgia mientras la otra es deslumbrada por la hermosura de las perseidas.

.

Tipología	En acordeón
Técnica y Materiales utilizados	Papel blanco de alto gramaje, calibrados de punta fina para la realización de las ilustraciones. Para la portada se usó un cartón para darle el grosor necesario, esté forrado con la impresión de la portada y contraportada
Tamaño	15,5 x 15 cm
N.º de páginas	4

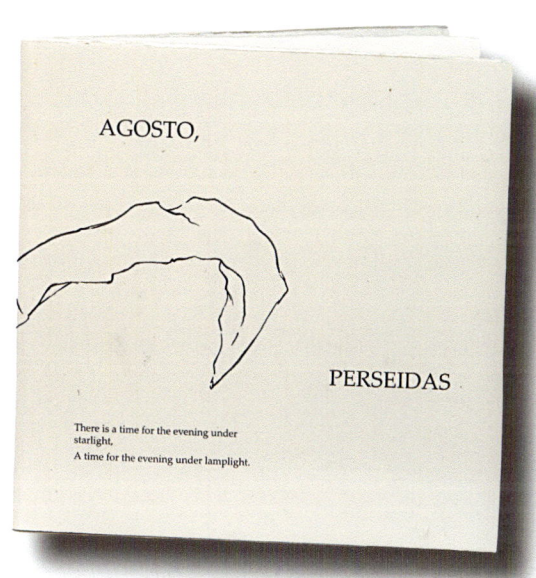

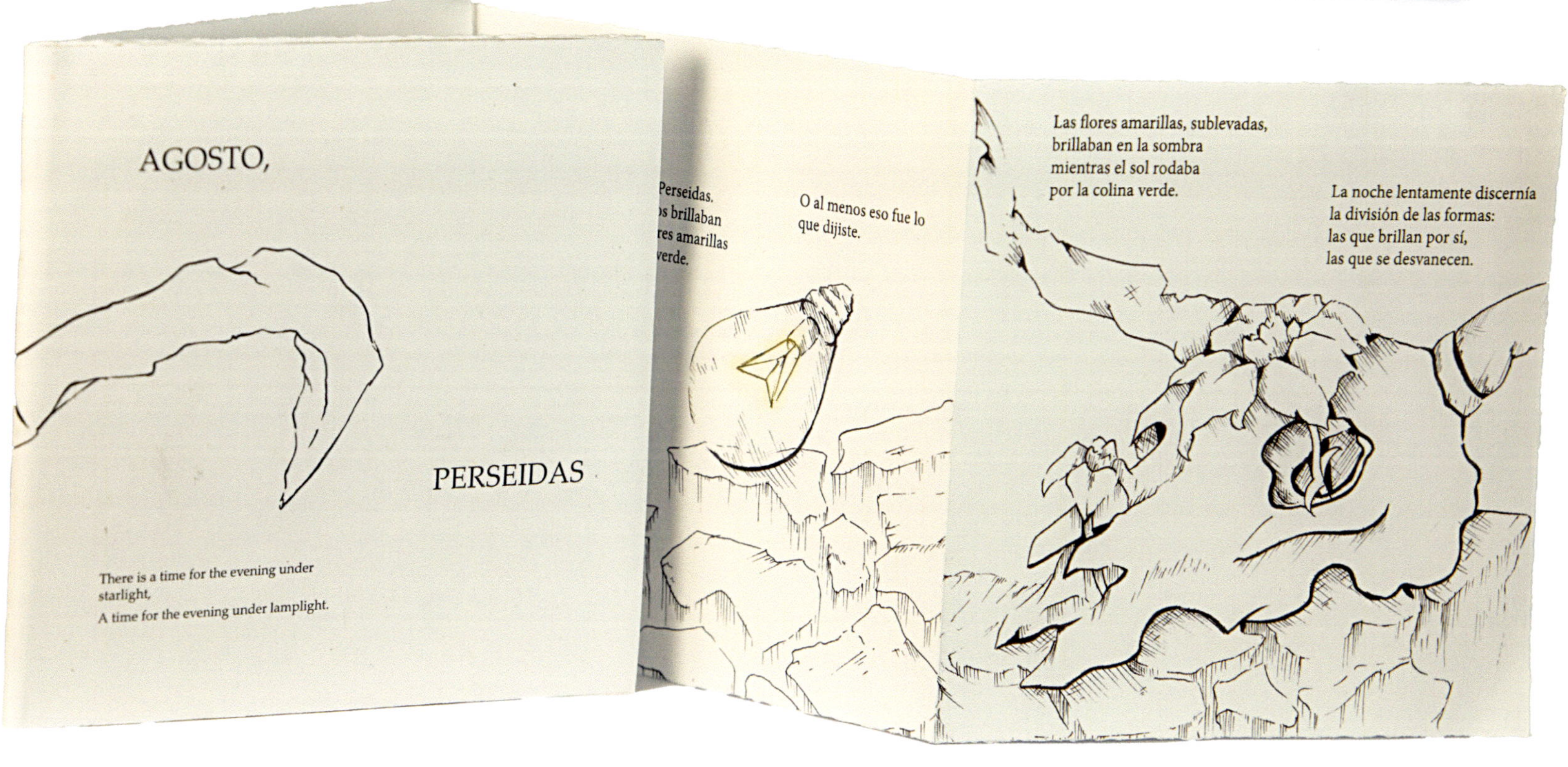

AGOSTO,

PERSEIDAS

There is a time for the evening under
starlight,
A time for the evening under lamplight.

Las flores amarillas, sublevadas,
brillaban en la sombra
mientras el sol rodaba
por la colina verde.

La noche lentamente discernía
la división de las formas:
las que brillan por sí,
las que se desvanecen.

O al menos eso fue lo
que dijiste.

CARMEN BOYANO HERVÁS

DESCRIPCIÓN

Este libro ha sido diseñado y desarrollado basándome en una variedad de sentimientos transmitidos a través de los versos que componen el poema titulado "Agosto, perseidas". Se busca que la representación pueda tener sentido para la realización de las diferentes ilustraciones y para que haya una coherencia entre sí, así como la gama de colores e ilustraciones.

TIPOLOGÍA	Desplegable inspiración japonesa
TÉCNICA Y MATERIALES UTILIZADOS	Ilustración e impresión digital sobre papel tipo cartulina
TAMAÑO	14,8 x 21 cm
N.º DE PÁGINAS	11

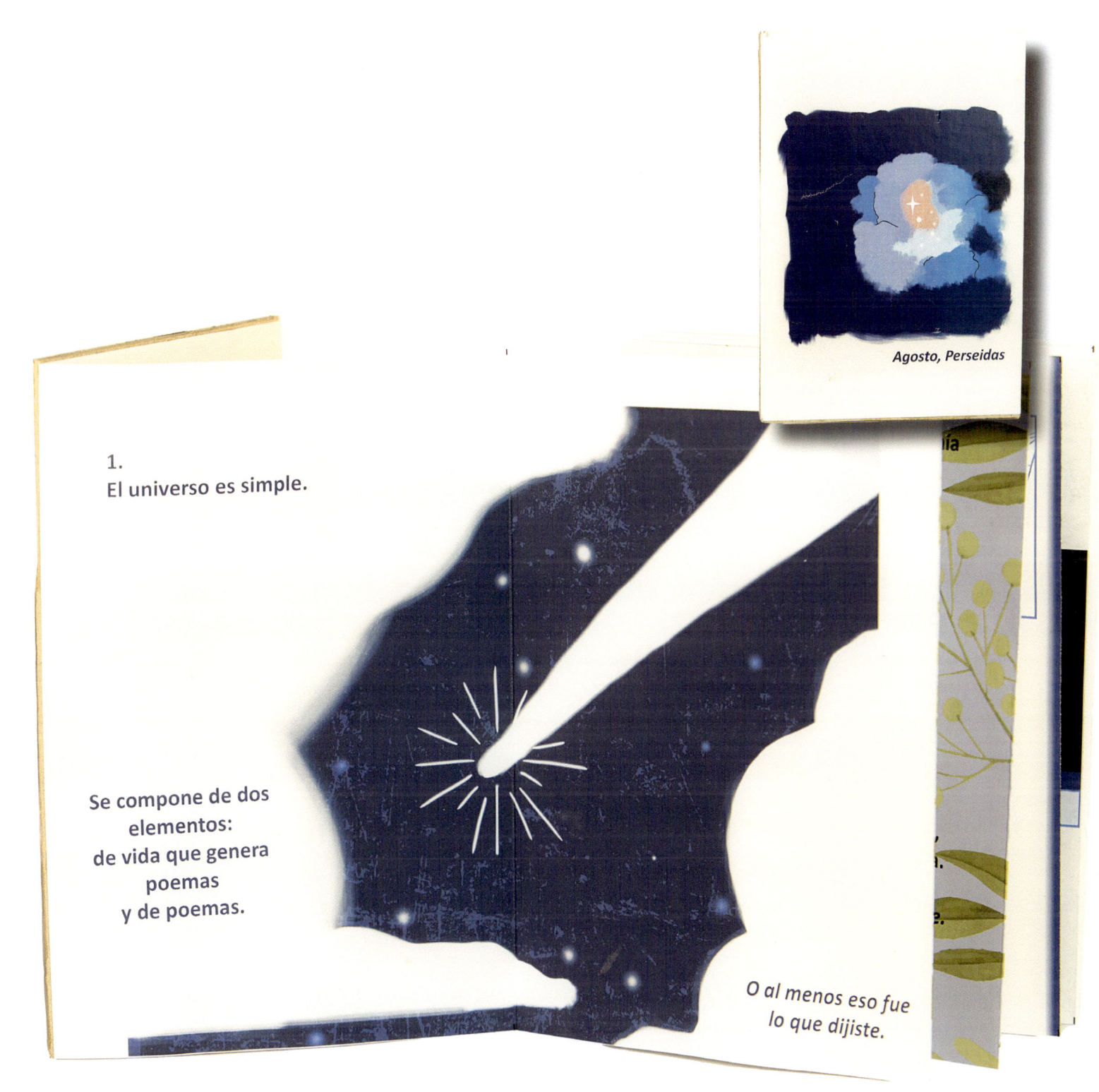

Agosto, Perseidas

1.
El universo es simple.

Se compone de dos
elementos:
de vida que genera
poemas
y de poemas.

O al menos eso fue
lo que dijiste.

Pablo Camacho Carballo

Descripción

Libro acordeón mixto realizado para parecerse a la serigrafía del arte medieval con ilustraciones intercaladas con el texto.

TIPOLOGÍA	Libro acordeón mixto
TÉCNICA	La técnica es ilustración digital realizada en Photoshop
TAMAÑO POR PÁGINA	16 x16'5 cm
N.º PÁGINAS	1

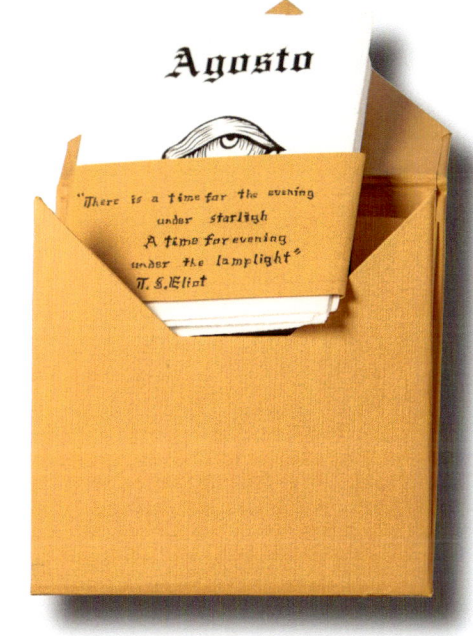

Agosto

"There is a time for the evening under starligh
A time for evening under the lamplight"
T. S. Eliot

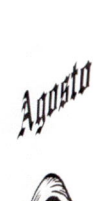

Agosto

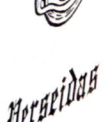

Perseidas

Las flores amarillas ...
brillaban en la sombra ...
mostraba el sol ...
por la colina verde

La noche lentamente discernía
la división de las formas:
las que brillan por sí,
las que se desvanecen.

El universo es simple.
Se compone de dos elementos:
de vida que genera poemas
y de poemas.

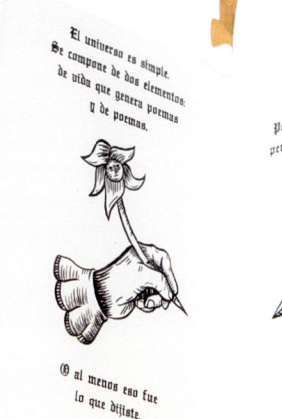

O al menos eso fue
lo que dijiste.

Era agosto, Perseidas.
Nuestros ojos brillaban.
Porque la luz requiere energía,
pero la oscuridad se cierne sola.

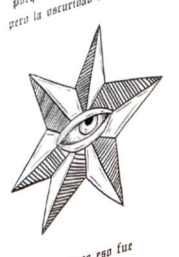

O al menos eso fue
lo que dijiste.

Escuchar una voz
como quien oye Perseidas:
sonido de las perlas al caer
sobre un suelo de mármol
o un mar que se retira
para no regresar.

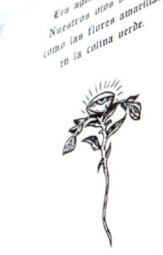

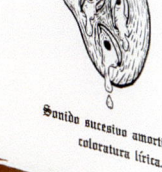

Sonido sucesivo amortiguado,
coloratura lírica.

Era agosto, Perseidas.
Nuestros ojos brillaban
como las flores amarillas
en la colina verde.

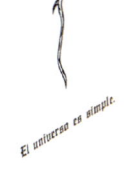

El universo es simple.

Llenaremos el armamento
sin renunciar a ...
porque a la mente ...
la satisfacía.

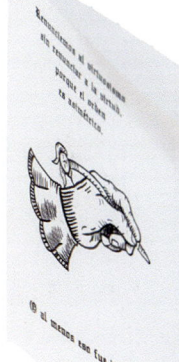

O al menos eso fue lo que dijiste.

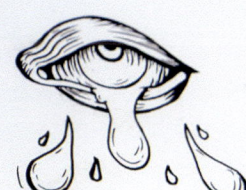

Inmaculada Carrillo Hidalgo

Descripción

En la primera parte del poema he utilizado como recurso gráfico un degradado de colores cálidos a frío, para representar el paso del tiempo he utilizado como recurso visual las figura de los ojos que brillan, en este caso serían los pétalos y el iris el sol, la referencia de los ojos que brillan, la interpreto por ojos que lloran, las lágrimas serían esos pétalos que caen golpeando el agua, formando las ondas de sonido como las perlas al caer. En todas las ilustraciones he trabajado sobre la forma circular del ojo.

En la segunda parte, la historia sucede en la soledad de una habitación donde el narrador expresa con la escritura lo acontecido en aquella tarde de verano bajo la lluvia de estrellas.

La luz de la lámpara, ese sol de cristal, y la escritura la represento con una mancha en tonos cálidos y una pluma en el centro, a esta figura la rodea una flor arrancada que se marchita, para representar el paso del tiempo transcurrido desde aquel atardecer.

Finalmente, las historia se va desvaneciendo, la flor se ha deshojado quedando su recuerdo en pétalos marchitos.

TIPOLOGÍA	La obra final tiene tres lecturas, se puede abrir en forma de acordeón donde se ve texto e ilustraciones, se puede leer como un libro normal y se puede hacer una lectura visual de la ilustración completa si abrimos y tumbamos el libro, el texto queda oculto
TÉCNICA Y MATERIALES UTILIZADOS	Ilustraciones en Acuarela sobre papel artesanal de 300 gramos para las páginas, para las cubiertas papel artesanal de 600 gramos, la caja para guardar el libro está hecha en material Dm y grabada con pirógrafo
TAMAÑO	15 x 15 cm
N.º DE PÁGINAS	2

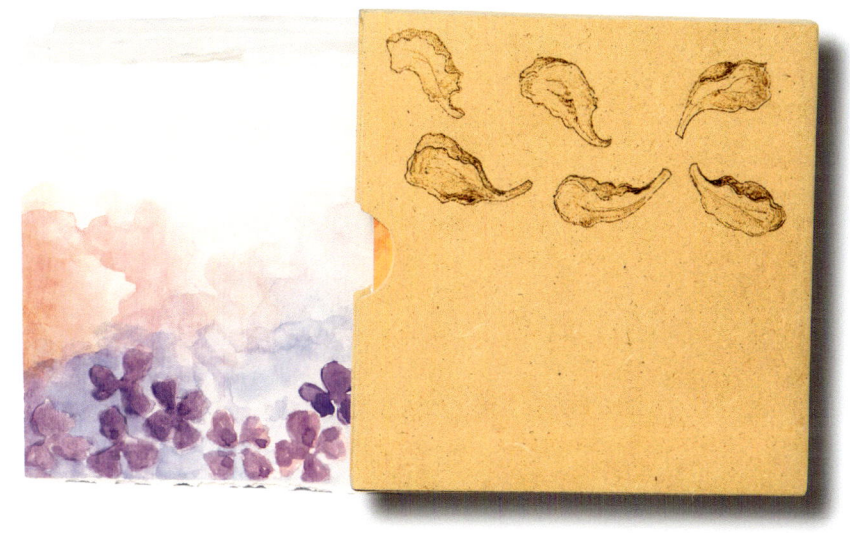

AGOSTO, PERSEIDAS

Juan Antonio Bernier,2023

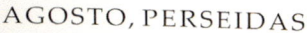

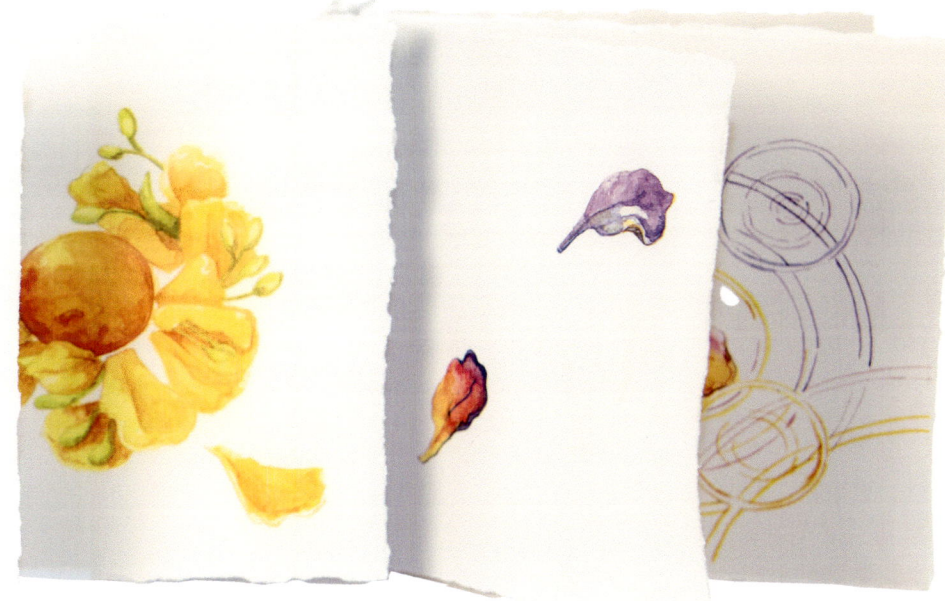

Carmen Dávila Ferri

Descripción

Para dar comienzo, hablaré acerca de la armonía que tendría el libro. Quise que tuviera una atmósfera acogedora, evocando un sentimiento cálido, como el momento en el que el autor escribe la obra.

Por lo tanto, elaboré portada y contraportada con madera, al igual que la caja donde encontraríamos el libro.

La ilustración está compuesta por un lazo, que se va desenvolviendo al mismo tiempo que va contando la historia, siendo un recorrido visual constante.

El lazo está compuesto de líneas que se van afinando o engrosando, y de esas mismas líneas surgen las ilustraciones que cuentan la historia, siendo un conjunto descriptivo a la vez que armónico.

Al querer reflejar en una ilustración la nostalgia hacia una persona, o el recuerdo de aquel idilio, hice una obra delicada y sutil, pues es lo que me transmite.

En resumen la historia tiene un comienzo y un fin, al igual que un lazo.

Una historia fugaz que termina, como las Perseidas en verano.

Tipología	Acordeón
Técnica y materiales utilizados	Ilustración e impresión digital sobre papel fotográfico
Tamaño	16 x 16 cm
N.º de páginas	8

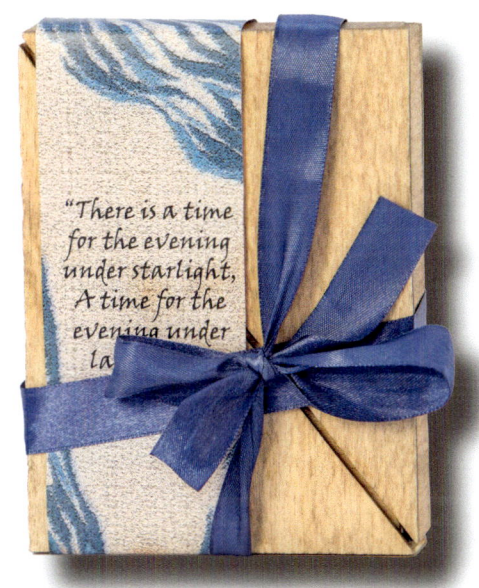

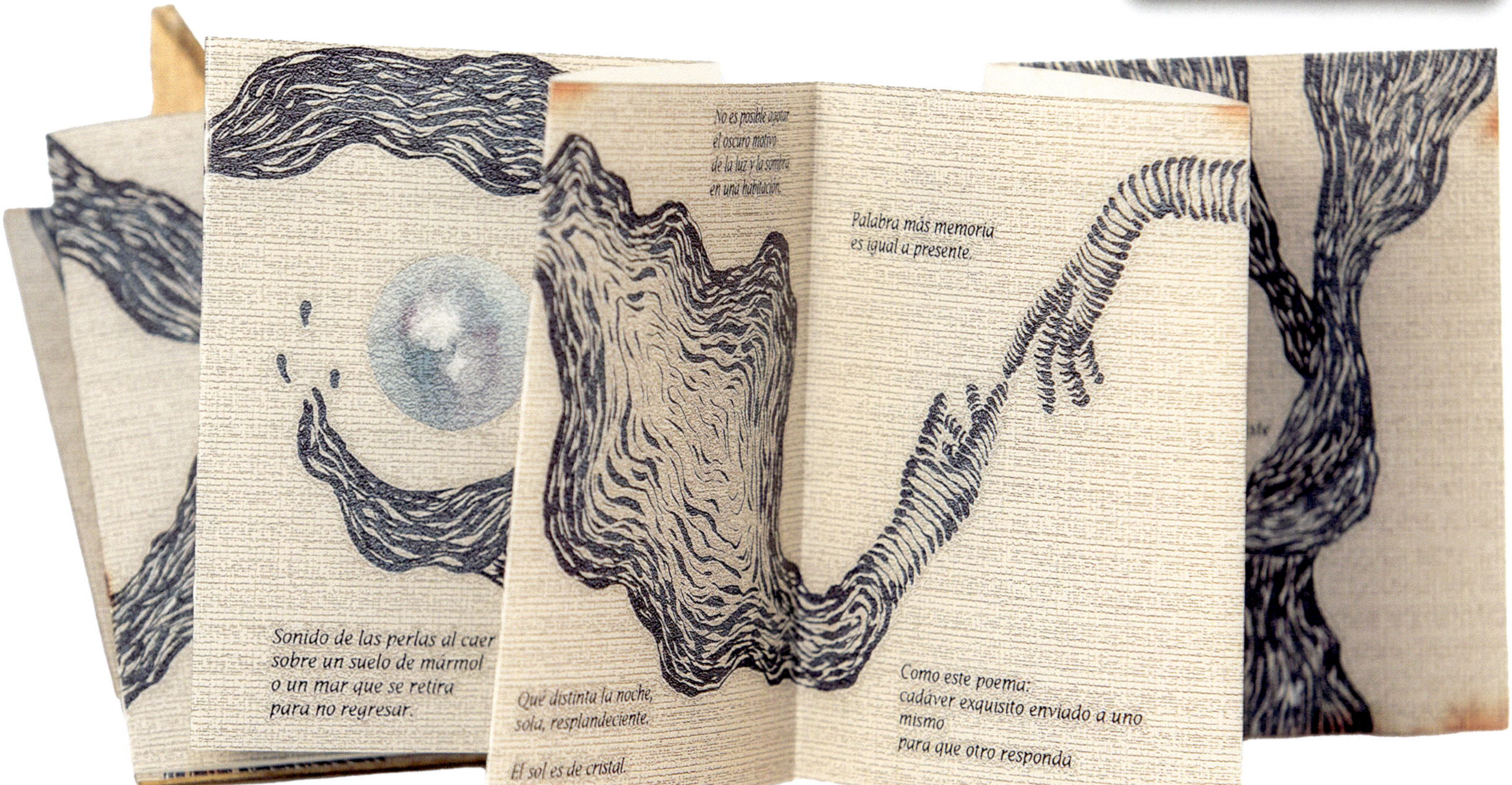

Daniel del Pino Millán

Descripción

Se ha proyectado una libro ilustrado por fragmentos apoyando la narrativa del poema, creo que puede verse un estilo marcadamente influenciado por el minimalismo y el surrealismo. Es también destacable la carencia de cromatismo en este libro, empleando solo negros sobre un fondo predominantemente blanco, jugando con el blanco y el negro como únicas tintas que apoyen el contenido del poema.

En un primer momento, se tenía planeado que fuesen ilustraciones blancas sobre un fondo negro, aunque posteriormente se deshechó, y se opto por la inversión cromática. Se trataba de una ilustración formada por cuatro elementos: un sol con forma de girasol, una mujer llorando cuyo cabello se transforma en perseidas, una bombilla explotando, y una pluma con un detalle estrellado que escribe un libro en el que se puede ver el cielo nocturno.

Cada ilustración representa una de las cuatro partes del poema, puesto que la tinta blanca era demasiado costosa y requería más presupuesto del que se disponía para este trabajo.

TIPOLOGÍA	Desplegable
TÉCNICA Y MATERIALES UTILIZADOS	Ilustración e impresión digital
TAMAÑO	14,5 x 19 cm
N.º DE PÁGINAS	4

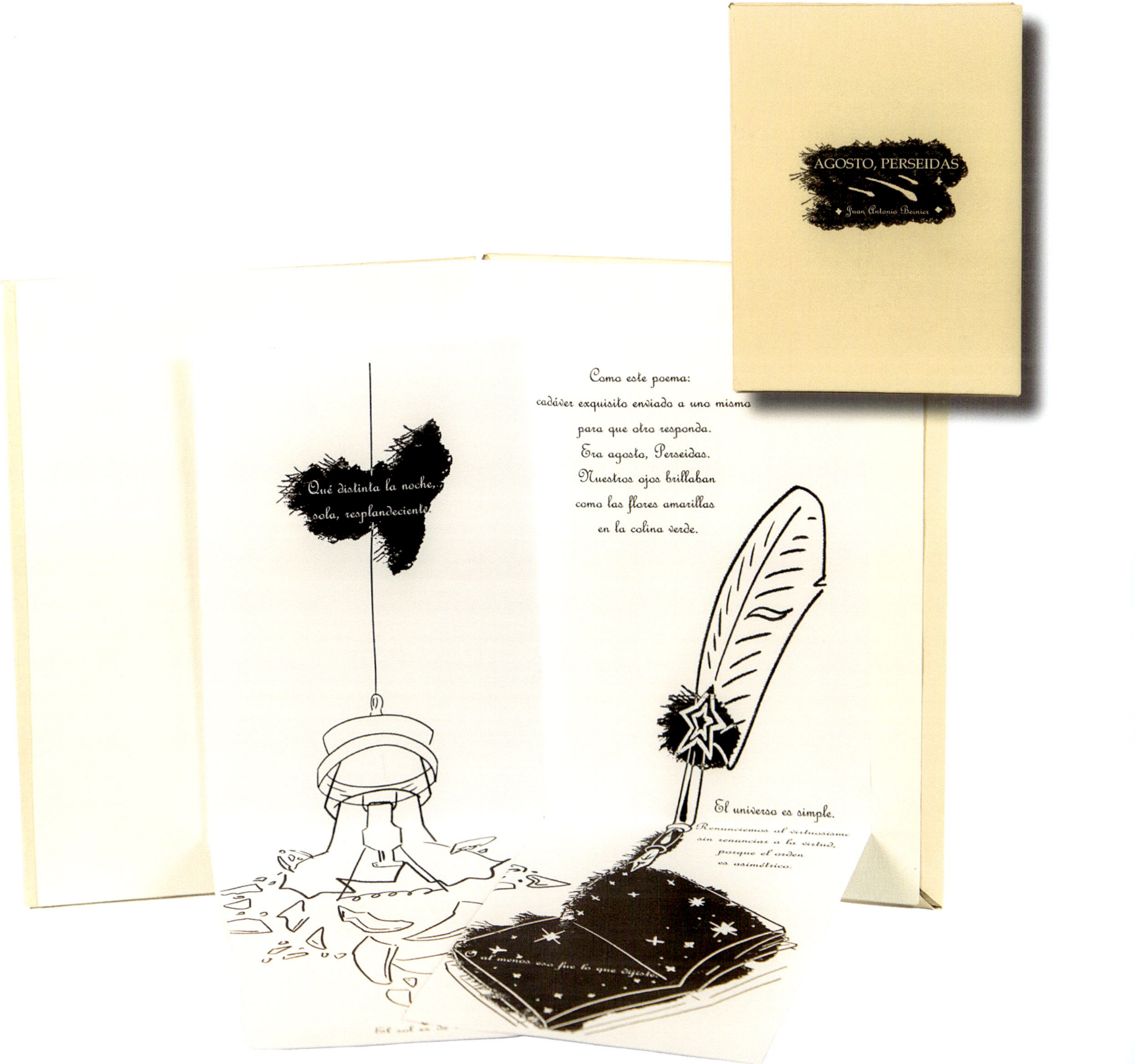

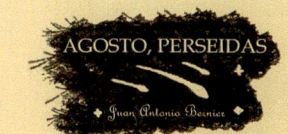

Como este poema:
cadáver exquisito enviado a uno mismo
para que otro responda.
Era agosto, Perseidas.
Nuestros ojos brillaban
como las flores amarillas
en la colina verde.

Qué distinta la noche...
sola, resplandeciente.

El universo es simple.
Renunciemos al virtuosismo
sin renunciar a la virtud,
porque el orden
es asimétrico.

al menos eso fue lo que dijiste

LAURA FUENTES PEDROSA

DESCRIPCIÓN

la lectura del poema me llevó a meditar sobre una pérdida, posiblemente un desamor, donde se rememora y cuentan los recuerdos vividos en agosto con esa persona que ya no está. Mi propuesta consiste en la búsqueda de ilustraciones que usando acuarelas y lápices, líneas, se han colocado ilustraciones relacionadas en cierto modo con el texto, con la intención de ir complementando la lectura. Me he basado mucho para esta idea en el ilustrador Conrad Roset, que destaca mucho por sus manchas en acuarela.

TIPOLOGÍA	Acordeón
TÉCNICA Y MATERIALES UTILIZADOS	Ilustración tradicional, acuarela más lápices de color, posteriormente digitalizado
TAMAÑO	12 x 12 cm
N.º DE PÁGINAS	10

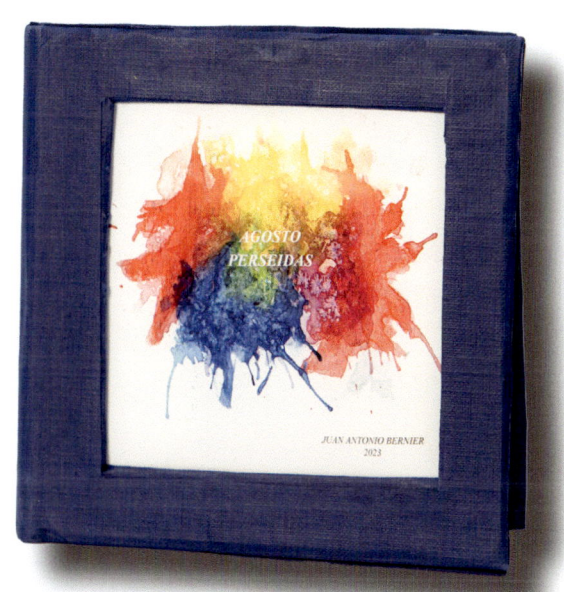

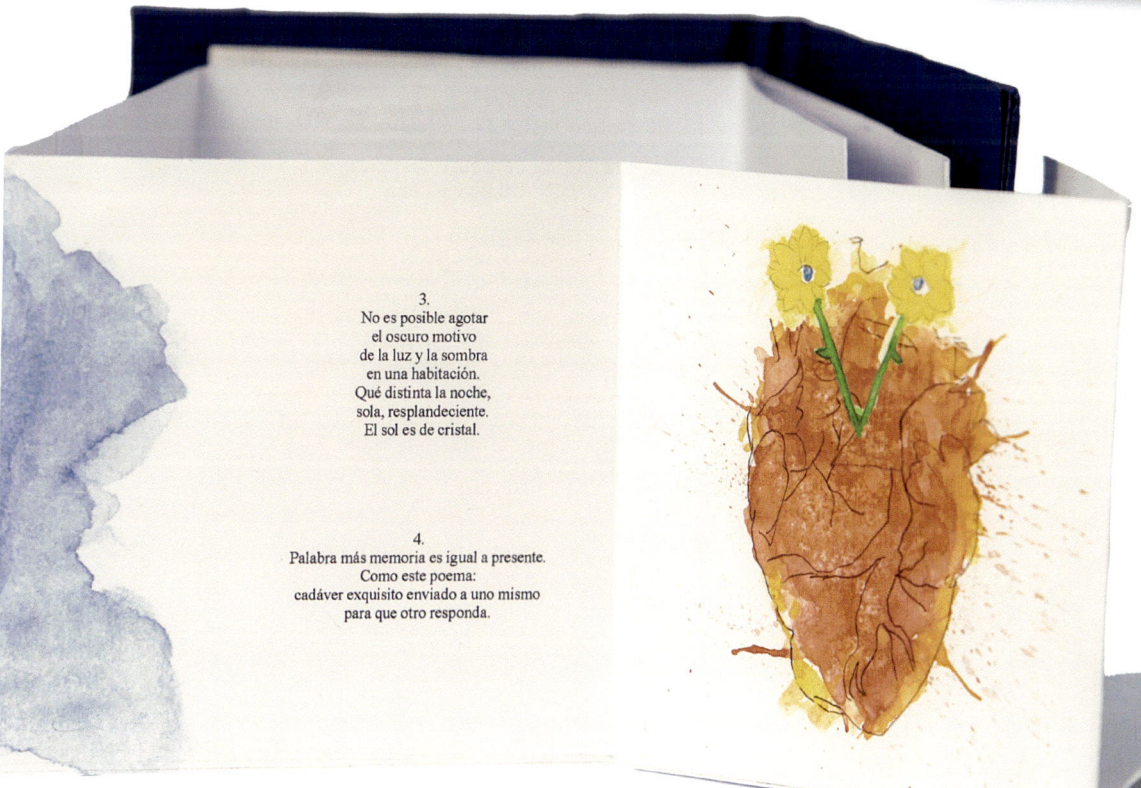

3.
No es posible agotar
el oscuro motivo
de la luz y la sombra
en una habitación.
Qué distinta la noche,
sola, resplandeciente.
El sol es de cristal.

4.
Palabra más memoria es igual a presente.
Como este poema:
cadáver exquisito enviado a uno mismo
para que otro responda.

Joana Gámez Vivancos

Descripción

Mi proyecto, es en formato cuadrado de veinte por veinte, pero una vez que lo desplegamos tiene forma de cruz. Mientras este está cerrado, podemos ver el titulo de "Agosto perseidas" el cual es un sello que realice a mano con escarbado en goma para poder estamparlo como un sello, una vez abrimos la tapa nos encontramos un papel de seda blanco que protege la obra que también contiene el mismo sello de la portada con el título. Tras desplegar el papel, nos encontramos con la obra, una luna y un sol, conforme vamos desplegando aparecen las partes del poema hasta que en el centro encontramos unas manos y una galaxia con los colores fundiéndose del sol y la luna, usando todo esto como metáfora de que comienzan juntos pero conforme van pasando las partes del texto acaban más separados.

TIPOLOGÍA	Acordeón en forma de cruz
TÉCNICA Y MATERIALES UTILIZADOS	Digital e impresión en cartulina. El soporte en cartón de 3mm forrado. Sello en goma para el título y papel de seda
TAMAÑO	20 x 20 cm
N.º DE PÁGINAS	4 y 3 ilustraciones

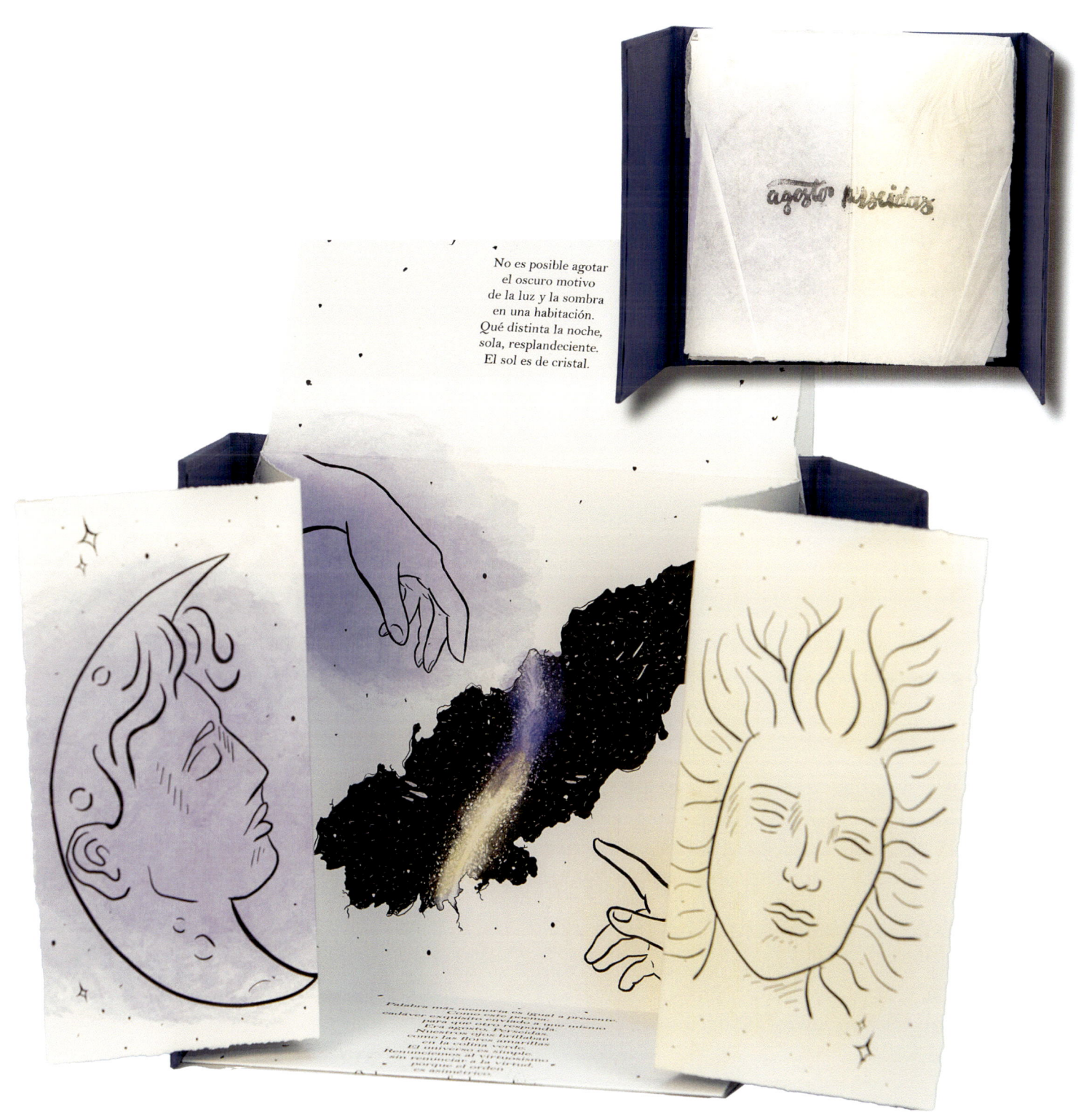

No es posible agotar
el oscuro motivo
de la luz y la sombra
en una habitación.
Qué distinta la noche,
sola, resplandeciente.
El sol es de cristal.

Alejandro González Jiménez

Descripción

Tras la lectura del poema y el análisis del mismo mi intención ha sido revocar una relación pasada, de la cual se han sacado las intenciones y las ganas para escribir el poema. Me he centrado en detalles de primer plano de objetos, cuya simbología apoya mi lectura del texto. Y que por tanto considero que nos pueden llevar a emociones melancólicas y con tintes de tristeza. El objetivo es transmitir la morriña por un tiempo pasado, por algo que ha concluido y que lleva a un nuevo comienzo.

TIPOLOGÍA	Acordeón
TÉCNICA Y MATERIALES UTILIZADOS	Ilustración e impresión digital
TAMAÑO	1 1x 15 cm
N.º DE PÁGINAS	14

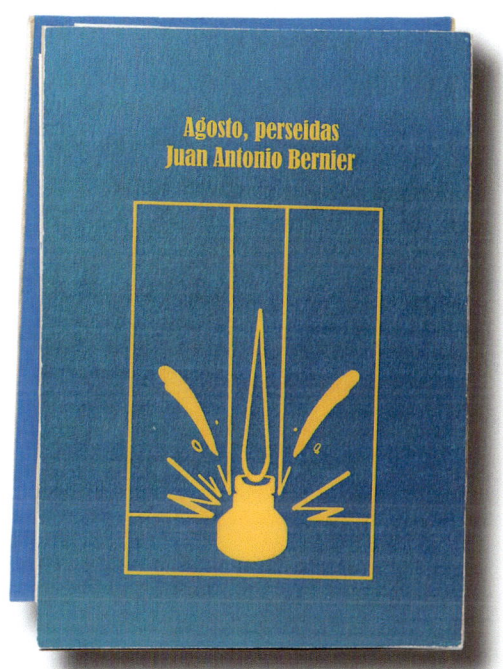

Agosto, perseidas
Juan Antonio Bernier

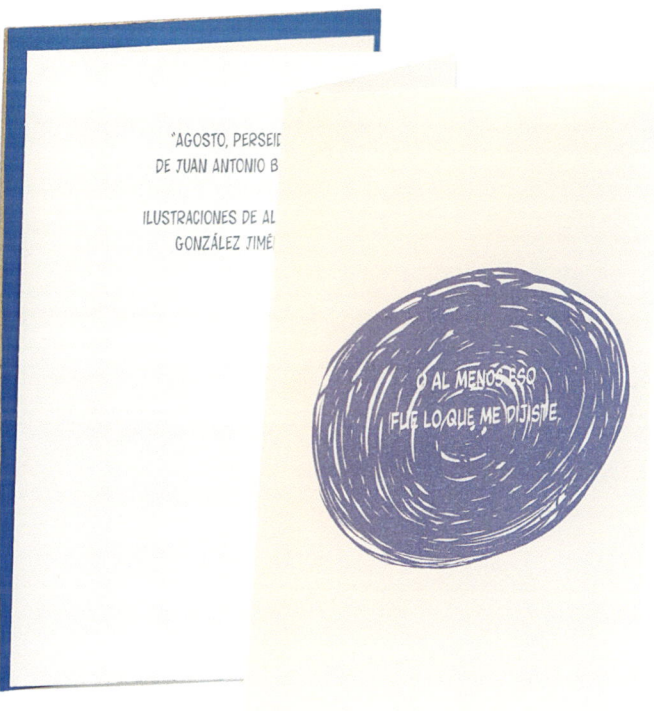

"AGOSTO, PERSEID[...]
DE JUAN ANTONIO B[...]

ILUSTRACIONES DE AL[...]
GONZÁLEZ JIMÉ[...]

O AL MENOS ESO
FUE LO QUE ME DIJISTE.

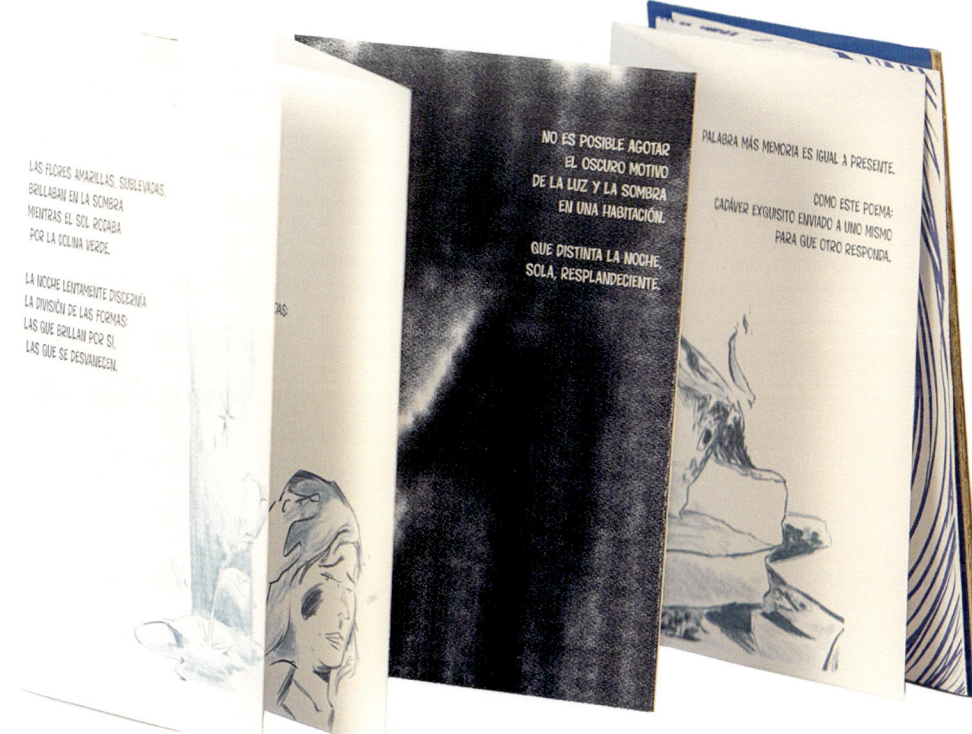

LAS FLORES AMARILLAS, SUBLEVADAS,
BRILLABAN EN LA SOMBRA
MIENTRAS EL SOL ROZABA
POR LA COLINA VERDE.

LA NOCHE LENTAMENTE DISCERNÍA
LA DIVISIÓN DE LAS FORMAS:
LAS QUE BRILLAN POR SÍ,
LAS QUE SE DESVANECEN.

NO ES POSIBLE AGOTAR
EL OSCURO MOTIVO
DE LA LUZ Y LA SOMBRA
EN UNA HABITACIÓN.

QUE DISTINTA LA NOCHE,
SOLA, RESPLANDECIENTE.

PALABRA MÁS MEMORIA ES IGUAL A PRESENTE.

COMO ESTE POEMA:
CADÁVER EXQUISITO ENVIADO A UNO MISMO
PARA QUE OTRO RESPONDA.

ALBA HERRADOR CURPIÁN

DESCRIPCIÓN

Obra sobre el poema de *Agosto, Perseidas* de Juan Antonio Bernier.

TIPOLOGÍA	Libro de artista ilustrado
TÉCNICA Y MATERIALES UTILIZADOS	Técnica digital, simulando la textura del lápiz
TAMAÑO	El formato es muy cercano a un A2
N.º DE PÁGINAS	Se compondria de 4 pliegos

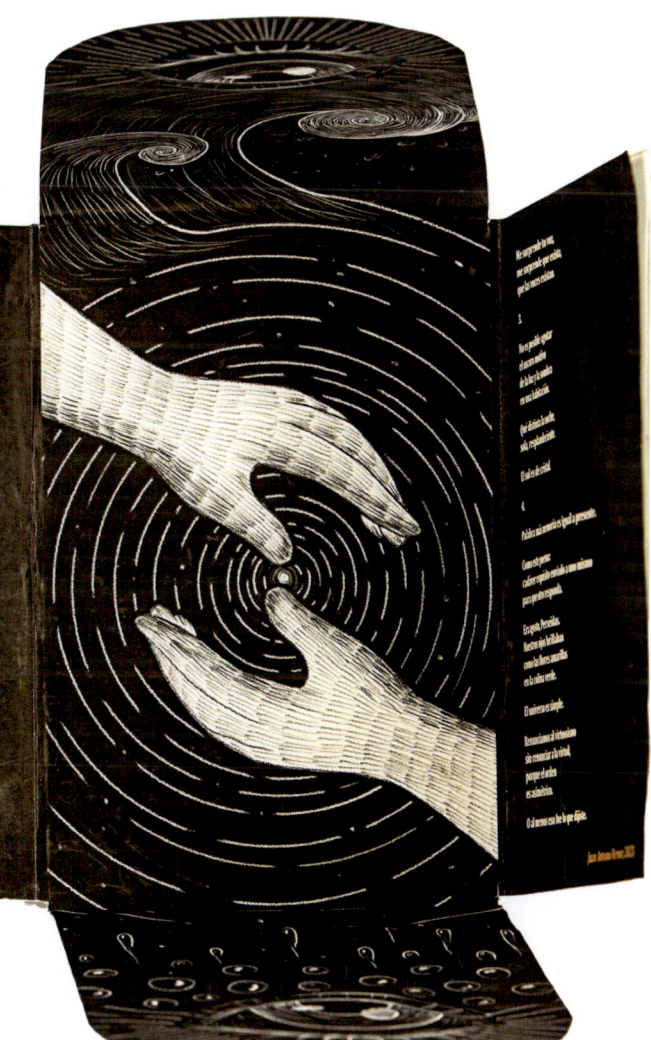

1.

El universo es simple.
Se compone de dos elementos:
de vida que genera poemas
y de poemas.

O al menos eso fue
lo que dijiste.

Las flores amarillas, sublevadas,
brillaban en la sombra
mientras el sol rodaba
por la colina verde.

La noche lentamente discernía
la división de las formas:
las que brillan por sí,
las que se desvanecen.

Era agosto, Perseidas.
Nuestros ojos brillaban.

Porque la luz requiere energía,
pero la oscuridad se cierne sola.

O al menos eso fue lo que dijiste.

2.

Escuchar una voz
como quien oye Perseidas:

sonido de las perlas al caer
sobre el suelo de mármol
o un mar que se retira
para no regresar.

Sonido sucesivo amortiguado,
coloratura lírica.

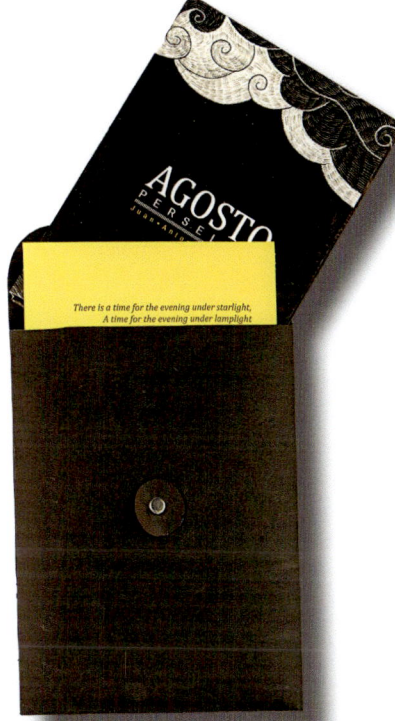

AGOSTO
PERSE

There is a time for the evening under starlight,
A time for the evening under lamplight

Gema Martín Torres

Descripción

Realicé un juego cíclico como representación del poema mostrando los diferentes estados de un romance inaudito y fugaz: el inicio, la ruptura, inspiración reflexiva de creación y por último la aceptación de su fin.

Esta fue mi interpretación, la cual se va descubriendo ante la aperturas de desplegados que lo estructura.

La estructura se compone de un único pliego cuadrado con anverso y reverso, compuesto de 4x4 cuadrados, el recorte de los 4 cuadrados internos proporciona un marco con el que realicé el juego de imposiciones para su plegado por ambas caras.

TIPOLOGÍA	Un juego desplegable ilustrado de papel de estructura cuadrada con movilidad plegable aportando cuatro ilustraciones en su interior
TÉCNICA Y MATERIALES UTILIZADOS	Las ilustraciones de este trabajo fue realizado por técnicas digitales con la utilización de los tres colores primarios y negro. La impresión fue realizada en una cartulina por ambas caras con las imposiciones de las cuatro ilustraciones. Realicé un estilo cómico y surrealista empleando un trazo tosco.
TAMAÑO	Su tamaño final es de 22 x 22 cm, siendo 44 x 44 cm el tamaño real del pliego

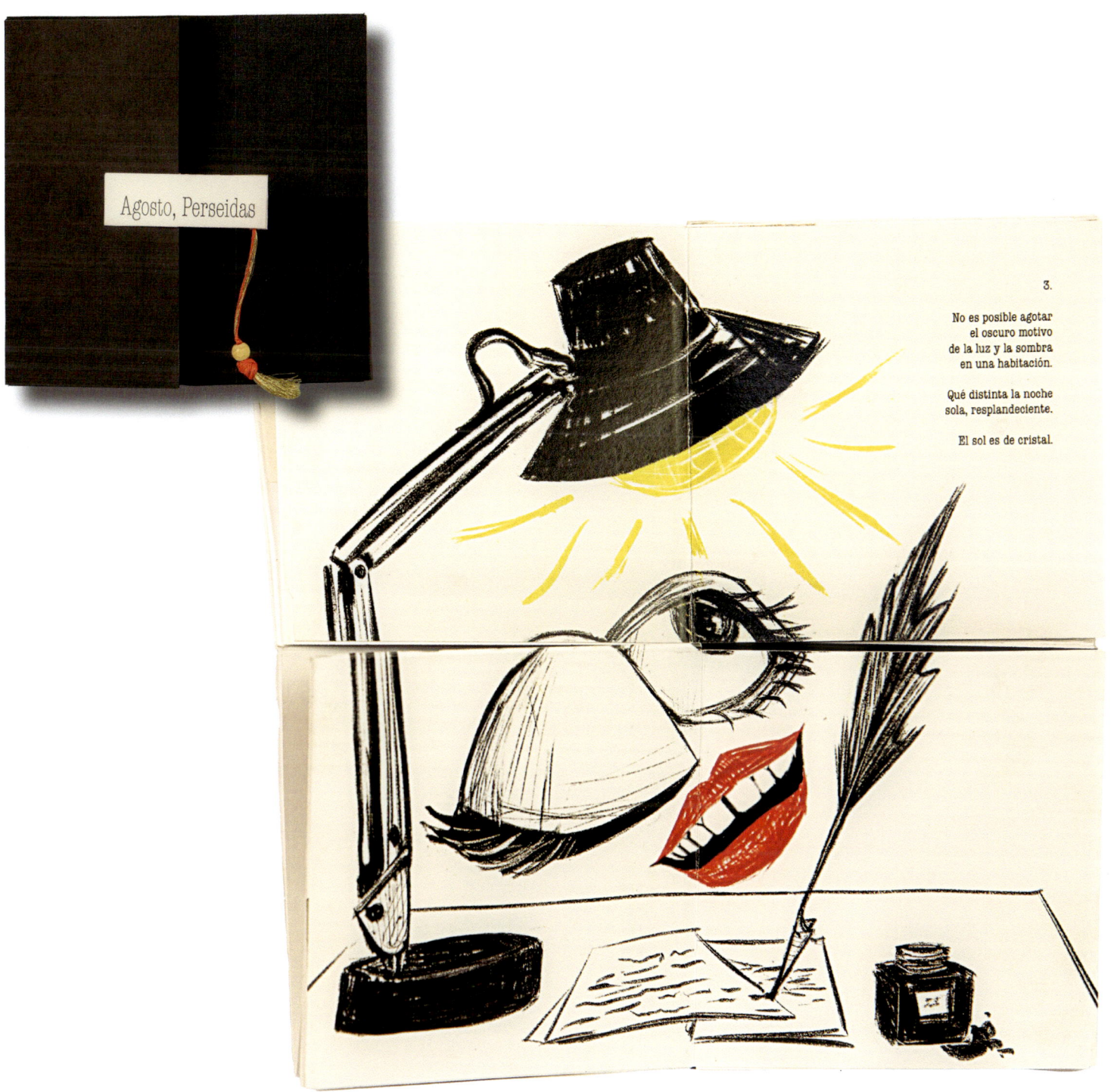

Agosto, Perseidas

3.

No es posible agotar
el oscuro motivo
de la luz y la sombra
en una habitación.

Qué distinta la noche
sola, resplandeciente.

El sol es de cristal.

Elena Martínez Berasttegui

Descripción

El poema desde el primer momento en el que lo leí me pareció muy emocionante y cargado de sentimiento. Más allá del significado que el poeta quiso mostrar, yo lo asemejé a la intensidad, la emoción, la pasión y la efimeridad de un desamor. Por lo que pensé en escenas fotográficas dramáticas y metafóricas que estuvieran hiladas una a otras contando una historia al igual que verso a verso vamos completando la historia del poema. El color es una parte esencial de mi proyecto ya que está pensado para evocar misterio, dramatismo, tristeza en muchas ocasiones, al igual que el negro da elegancia y profesionalidad a la cubierta.

Por otro lado quería que mi obra estuviera cargada de emociones y fuera de una manera inmersiva, para ello realicé un vídeo con las imágenes ya tratadas y modificadas, a este le inforporaría una leve música de fondo y una voz en off que narrara el poema por lo que la idea sería darle al plan e ir viendo foto a foto metiéndote de lleno en el poema y en las emociones que pretendía transmitir.

Tipología	Libro tradicional con cubierta y caja dura
Técnica y materiales utilizados	Utilización de fotos digitales tratadas para parecer fotografías analógicas; las ilustraciones que incluyen están realizadas en digital
Tamaño	14,8 x 21 cm sería el libro principal, el libro pequeño situado en su interior el cual contiene el poema sería de 10,5 × 14,8 cm
N.º de páginas	35

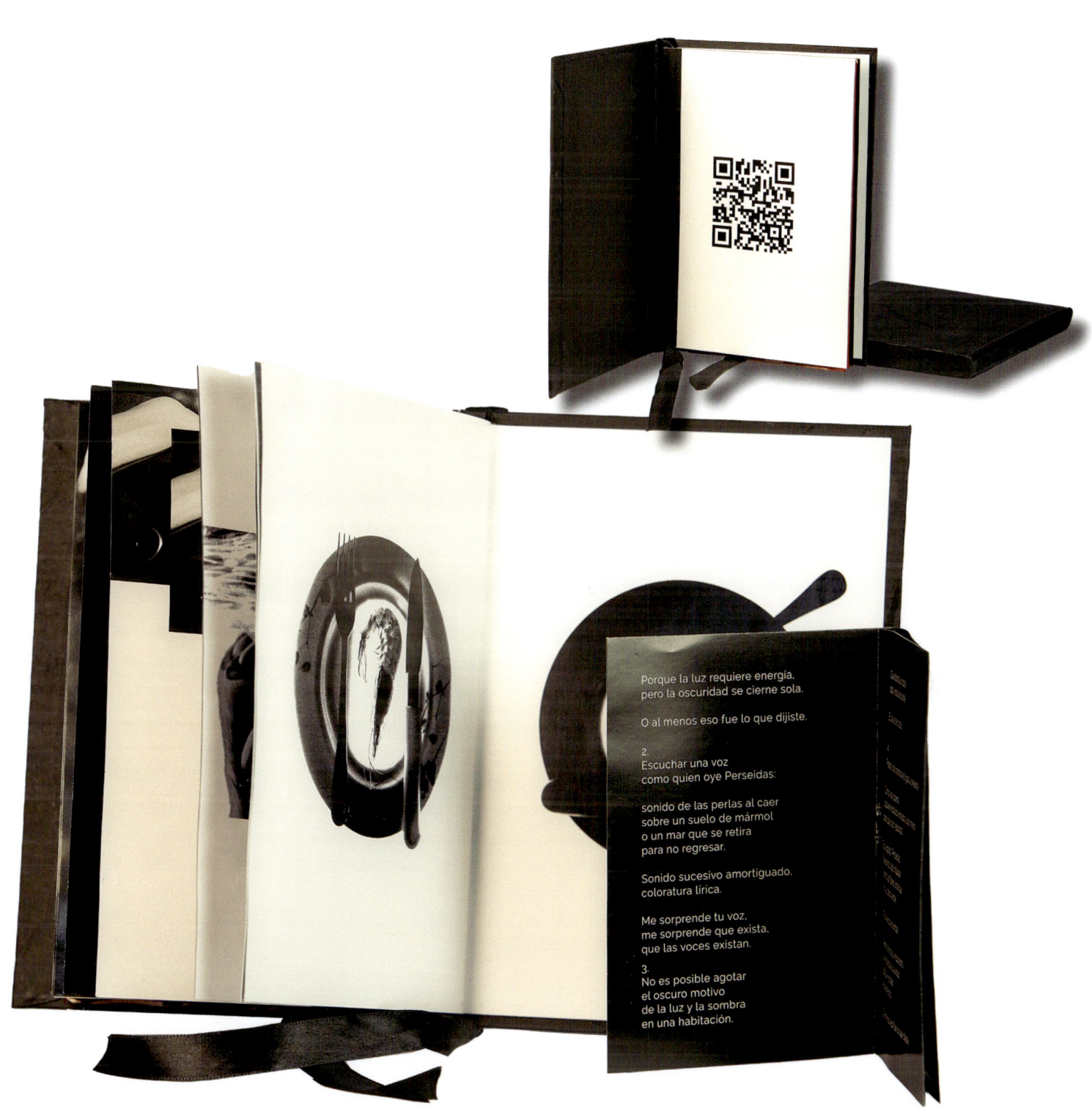

Porque la luz requiere energía,
pero la oscuridad se cierne sola.

O al menos eso fue lo que dijiste.

2.
Escuchar una voz
como quien oye Perseidas:

sonido de las perlas al caer
sobre un suelo de mármol
o un mar que se retira
para no regresar.

Sonido sucesivo amortiguado,
coloratura lírica.

Me sorprende tu voz,
me sorprende que exista,
que las voces existan.

3.
No es posible agotar
el oscuro motivo
de la luz y la sombra
en una habitación.

Arturo Molero Cabanes

Descripción

Mi interpretación personal del texto es que el poeta nos habla de la poesía en sí y de la creatividad, basadas en experiencias vividas en primera persona. Nos remite también a la intimidad de la noche que da paso a la reflexión y la creación.

Se utilizan, como elementos principales la tinta y el papel, la luz y la oscuridad, lo que me lleva a pensar en la idea de un tintero volcado del que salen palabras y letras sueltas que se convierten en una mancha de tinta que es el cielo nocturno en el que esas letras caen como estrellas fugaces que pasan de su aleatoriedad a un orden bien estructurado, convirtiéndose en palabras que después volverán a desvanecerse y a unirse cíclicamente sobre la mente del poeta que trabaja aislado en la intimidad de su habitación.

Tipología	Maqueta libro de artista
Técnica y materiales utilizados	Cubierta: cartoncillo 2 mm trapeado con acrílico blanco y negro Páginas interiores: cartulina negra, papel vegetal y papel
Tamaño	Libro cerrado 16 x 22 cm Libro abierto 32 x 22 cm Hoja central desplegada 88 x 16
N.º de páginas	Cubierta y dos hojas plegadas

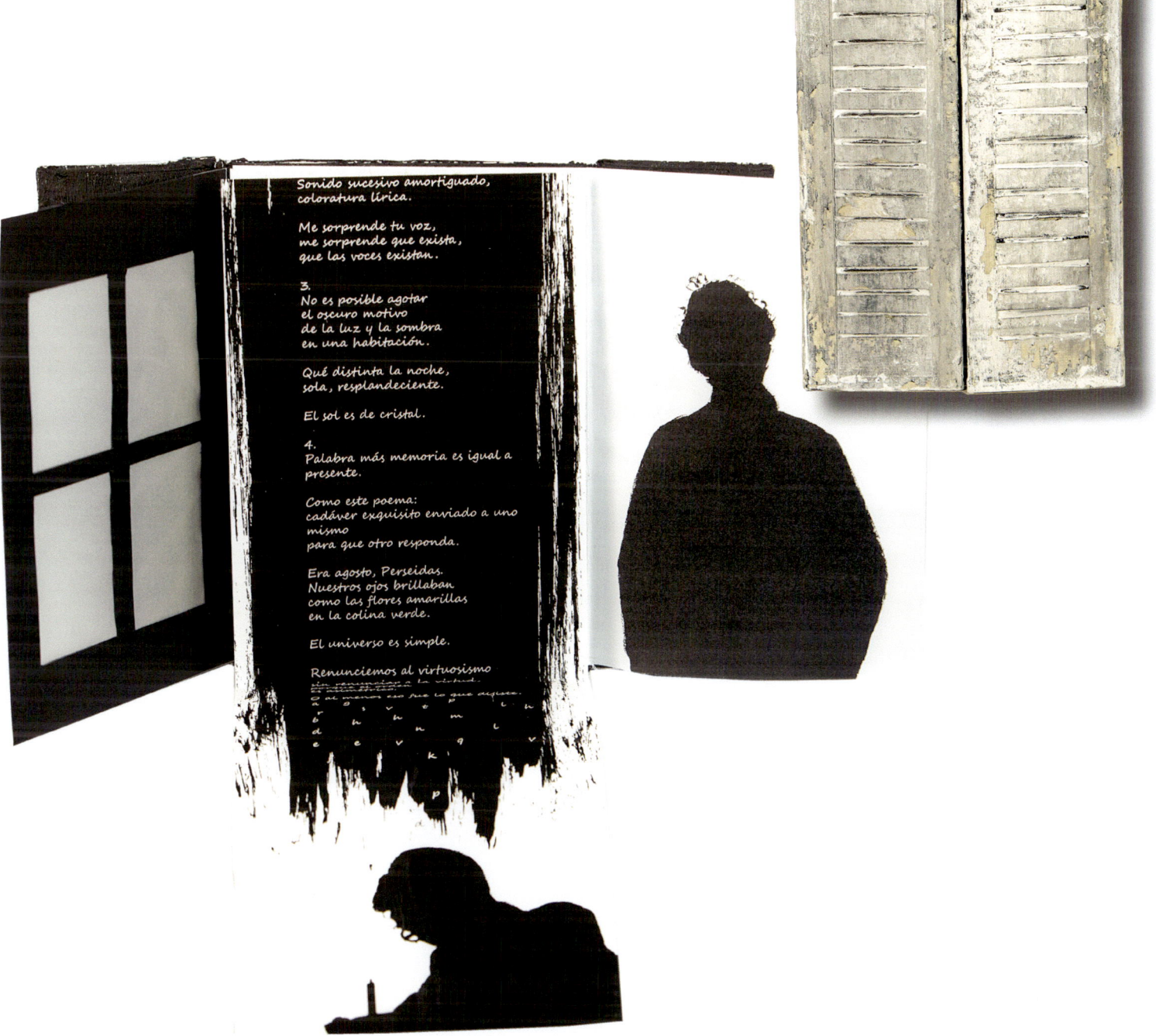

Sonido sucesivo amortiguado,
coloratura lírica.

Me sorprende tu voz,
me sorprende que exista,
que las voces existan.

3.
No es posible agotar
el oscuro motivo
de la luz y la sombra
en una habitación.

Qué distinta la noche,
sola, resplandeciente.

El sol es de cristal.

4.
Palabra más memoria es igual a
presente.

Como este poema:
cadáver exquisito enviado a uno
mismo
para que otro responda.

Era agosto, Perseidas.
Nuestros ojos brillaban
como las flores amarillas
en la colina verde.

El universo es simple.

Renunciemos al virtuosismo
sin renunciar a la virtud.
El autodidacta.
O al menos eso fue lo que dijiste.

Guillermo Montoro Jiménez

Descripción

Un libro plegado de color negro de distintos tamaños y alturas haciendo alusión a las colinas que se citan en el poema. Lo más especial del libro son los calados de estrellas, que mi intención es que la luz pase a través de ellas como si fuera el mismo cielo que el autor mira y entre las que destacan las constelaciones del cinturón de Perseo, que es donde nacen las Perseidas: el Cisne, Cassiopea, Osa Mayor y Osa Menor con la Estrella Polar, Perseo, Aries y Andrómeda, también incluyo mi signo zodiacal que es Libra como referencia a mi autoría. En el centro de la composición, en blanco, una alusión a la habitación donde la persona dolida del poema escribe. Las cubiertas de forma irregular son blancas en contraste con el libro, pero a la vez en armonía de luz y oscuridad que es cerrada por una cinta amarilla como las flores citadas en el poema.

Tipología	En acordeón
Técnica y Materiales utilizados	Realizado con técnica digital, montado a mano por piezas en papel de alto gramaje, un bisturí de precisión para el calado de las estrellas y cartón duro para las cubiertas
Tamaño	Tamaño de cubierta 25 cm x 25 cm
N.º de páginas	10 páginas de diferentes tamaños

AGOSTO, PERSEIDAS

Juan Antonio Bernier

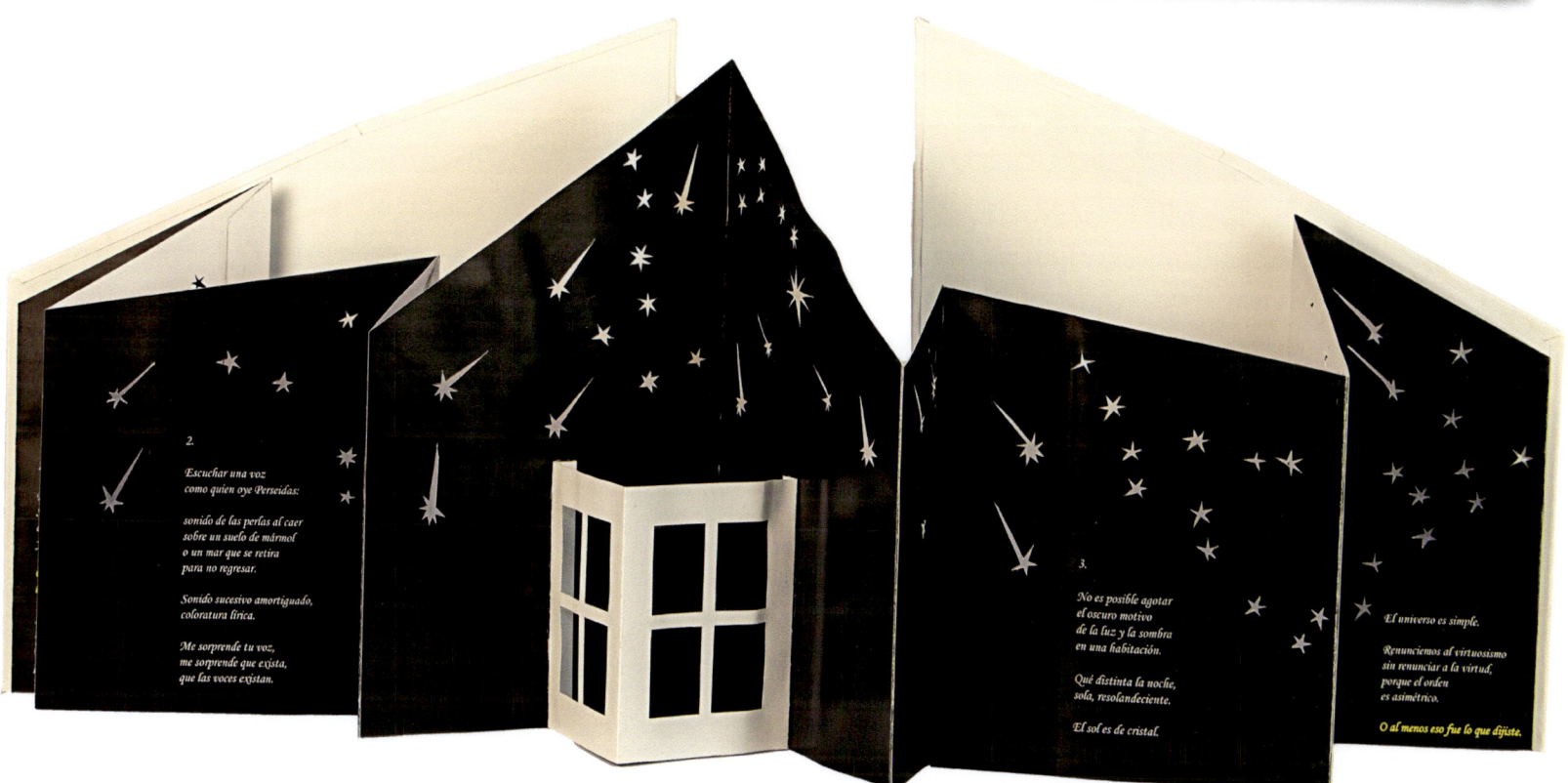

2.

Escuchar una voz
como quien oye Perseidas:

sonido de las perlas al caer
sobre un suelo de mármol
o un mar que se retira
para no regresar.

Sonido sucesivo amortiguado,
coloratura lírica.

Me sorprende tu voz,
me sorprende que exista,
que las voces existan.

3.

No es posible agotar
el oscuro motivo
de la luz y la sombra
en una habitación.

Qué distinta la noche,
sola, resolandeciente.

El sol es de cristal.

El universo es simple.

Renunciemos al virtuosismo
sin renunciar a la virtud,
porque el orden
es asimétrico.

O al menos eso fue lo que dijiste.

Ángela Mora Alonso

Descripción

Representa el recuerdo de dos personas que se despiden viendo la lluvia de estrellas.

TIPOLOGÍA	Libro acordeón circular
TÉCNICA Y MATERIALES UTILIZADOS	Digital y plegado con base circular
TAMAÑO	20 cm de diámetro
N.º DE PÁGINAS	3

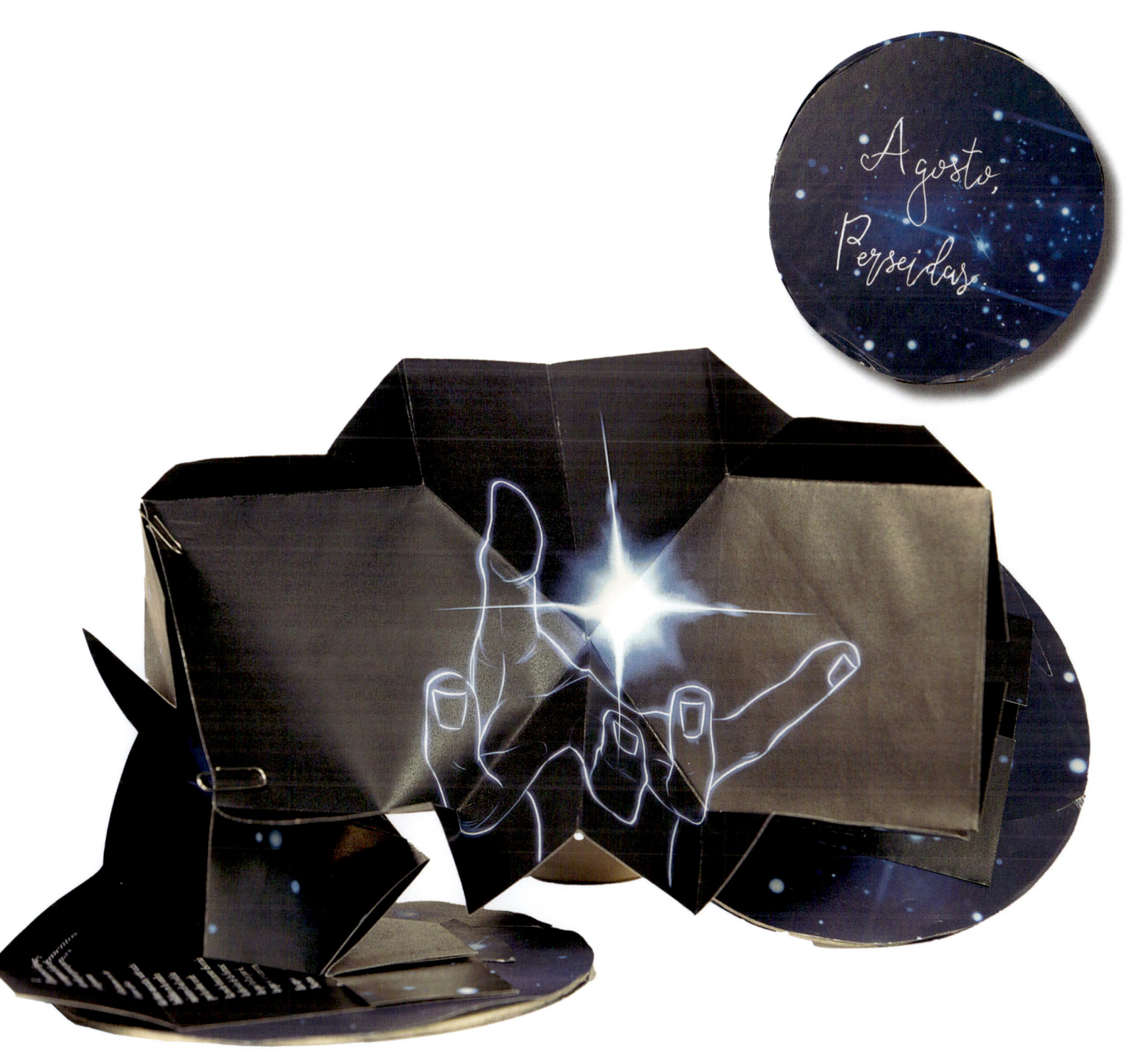

Agosto,
Perseidas.

Laura Ordóñez Torres

Descripción

Mi libro es un pliego que tiene de color base un tono amarillento, el cual acompaña a las ilustraciones que realicé. Estas contienen a una pareja de perfil, tomando al chico como protagonista, el cual demuestra diferentes expresiones. Contiene el poema al desplegar completamente el pliego.

Tipología	Es un libro de artista de pliego en formato A5
Técnica y Materiales utilizados	Empleé el digital para realizar las ilustraciones y la maquetación y para el resultado final utilicé folio grueso
Tamaño	Tamaño estándar de A5
Nº de páginas	7

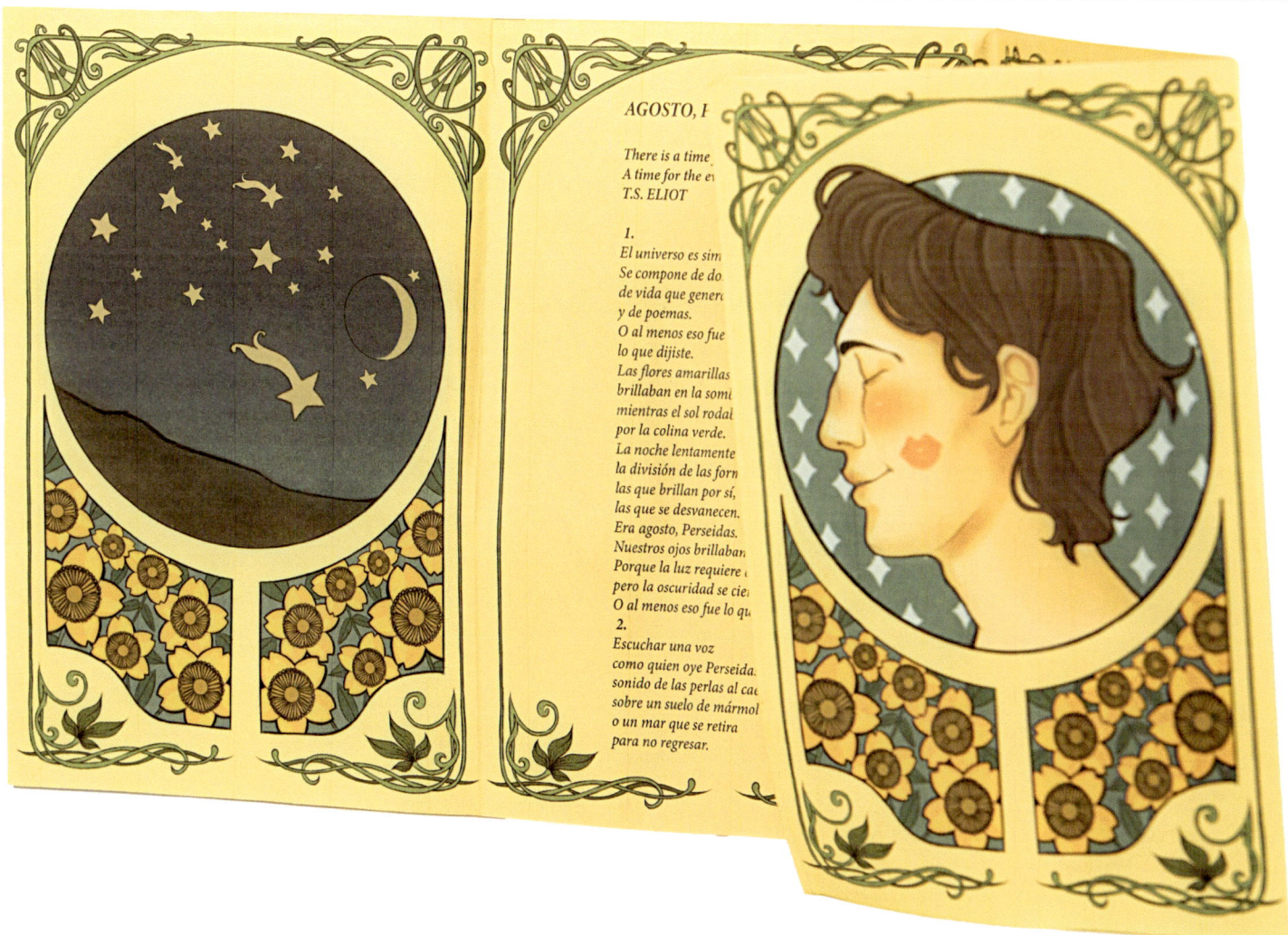

Agosto, perseidas

AGOSTO, P...

There is a time...
A time for the ev...
T.S. ELIOT

1.
El universo es sim...
Se compone de do...
de vida que genera...
y de poemas.
O al menos eso fue...
lo que dijiste.
Las flores amarillas...
brillaban en la som...
mientras el sol roda...
por la colina verde.
La noche lentamente...
la división de las for...
las que brillan por sí,
las que se desvanecen.
Era agosto, Perseidas.
Nuestros ojos brillaban...
Porque la luz requiere...
pero la oscuridad se cie...
O al menos eso fue lo qu...
2.
Escuchar una voz
como quien oye Perseida...
sonido de las perlas al cae...
sobre un suelo de mármol
o un mar que se retira
para no regresar.

Rebeca Ortega Camacho

Descripción

Libro de poesía ilustrado de manera un poco sintética, representando así partes de los versos.

Tipología	Libro acordeón
Técnica y materiales utilizados	Para la realización de todas las ilustraciones he utilizado la técnica del collage y Photoshop. Los materiales utilizados para la realización de estos han sido:cartulinas, hojas de periódico y papeles reutilizados pintados que después fueron recortados, pegamento o cinta de doble cara y tijeras o cúter.
Tamaño	16 x 16 cm
N.º páginas	9

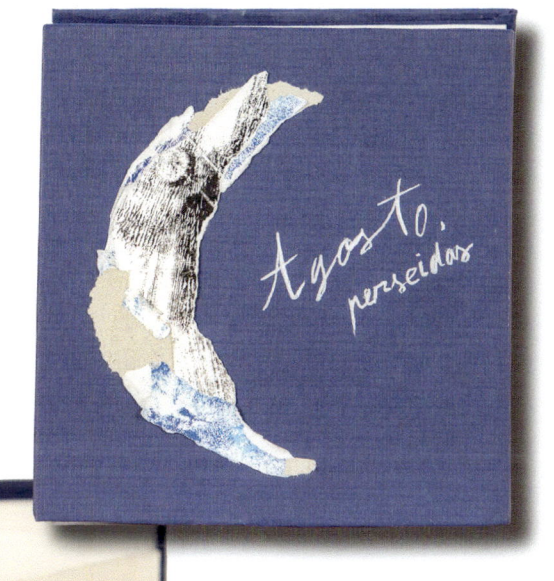

Agosto,
perseidas

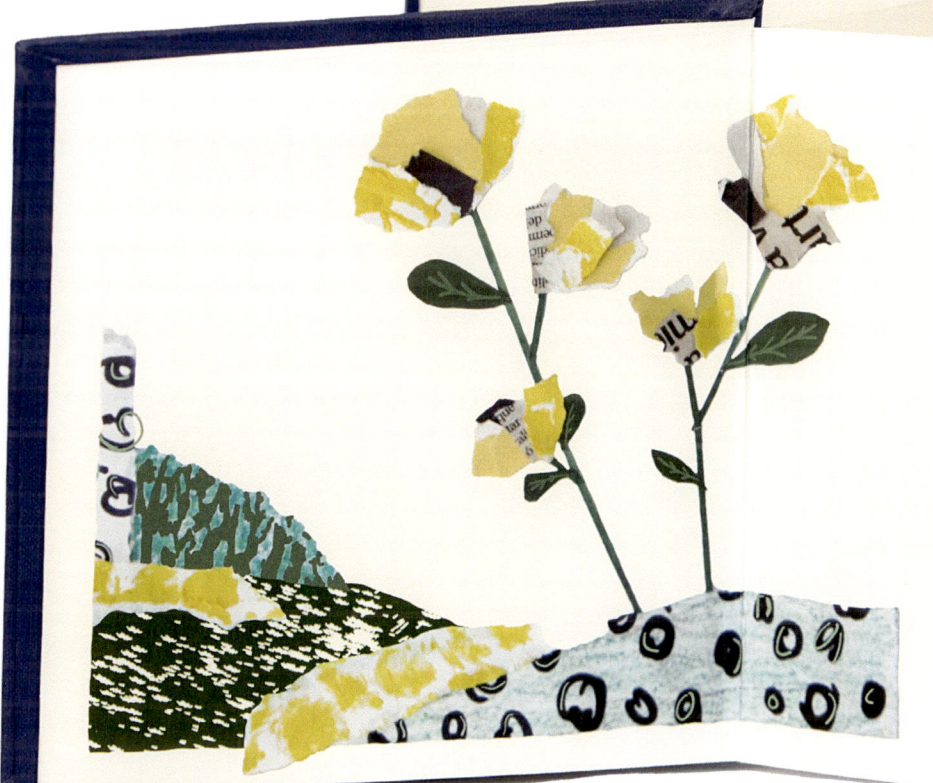

I

El universo es simple.

Se compone de dos elementos:
de vida que genera poemas
y de poemas.

O al menos eso fue
lo que dijiste.

Las flores amarillas, sublevadas,
brillaban en la sombra
mientras el sol rodaba
por la colina verde.

La noche lentamente discernía
la división de las formas:
las que brillan por sí,
las que se desvanecen.

Era agosto, Perseidas.
Nuestros ojos brillaban.

Porque la luz requiere energía,
pero la oscuridad se cierne sola.

O al menos eso fue lo que dijiste.

Marta Peragón Paulano

Descripción

Esta obra muestra conceptos del poema como el pasado y el presente, lo vivido y la vida, así invitando a reflexionar sobre la naturaleza de la vida, la luz y la oscuridad, de cómo se relacionan las palabras y la creación poética en una sola ilustración representándolo con un solo personaje.

TIPOLOGÍA	Libro de artista
TÉCNICA	Técnica digital, papel A2 de 100 gr y contenedor de cartón duro de 4 mm
TAMAÑO POR PÁGINA	18,5 x 18,5 cm Formato y tamaño de las cubiertas: 20 x 20 cm
TAMAÑO FINAL CON PÁGINAS DESPLEGADAS	Papel 42 x 42 cm abierto y 17 x 17 cm cerrado, contenedor 17x17 cm
N.º PÁGINAS	1

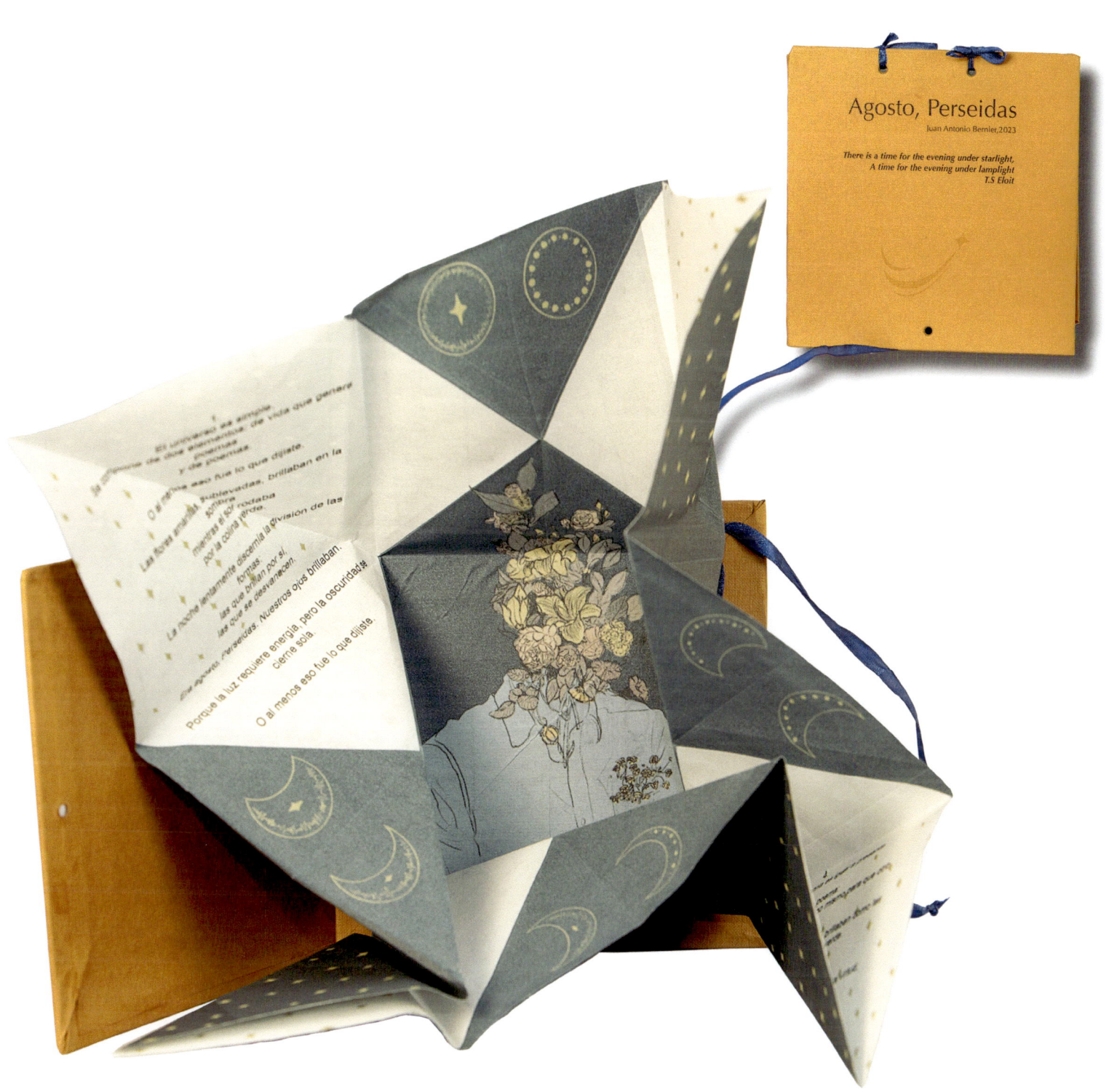

Agosto, Perseidas

Juan Antonio Bernier, 2023

There is a time for the evening under starlight,
A time for the evening under lamplight
T.S Eliot

Juan Climaco Sánchez Vargas-Machuca

Descripción

Un álbum ilustrado en formato cuadrado, con páginas dobles desplegables, está realizado con técnicas digitales usando un estilo claro y limpio con colores planos y usando la técnica de la figura- contenedor para transmitir el mensaje del autor.

Tipología	Libro - Álbum ilustrado
Técnica	Técnica digital
Tamaño	20 x 20 cm
N.º páginas	6 páginas dobles de 20 x 40 cm más dos cubiertas y portada

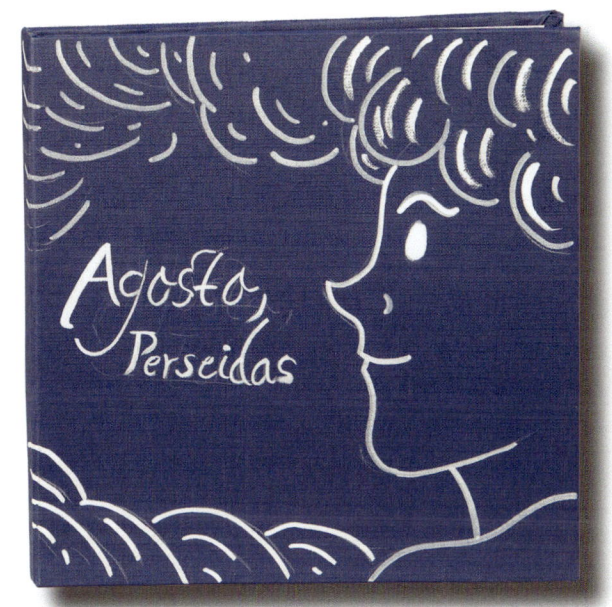

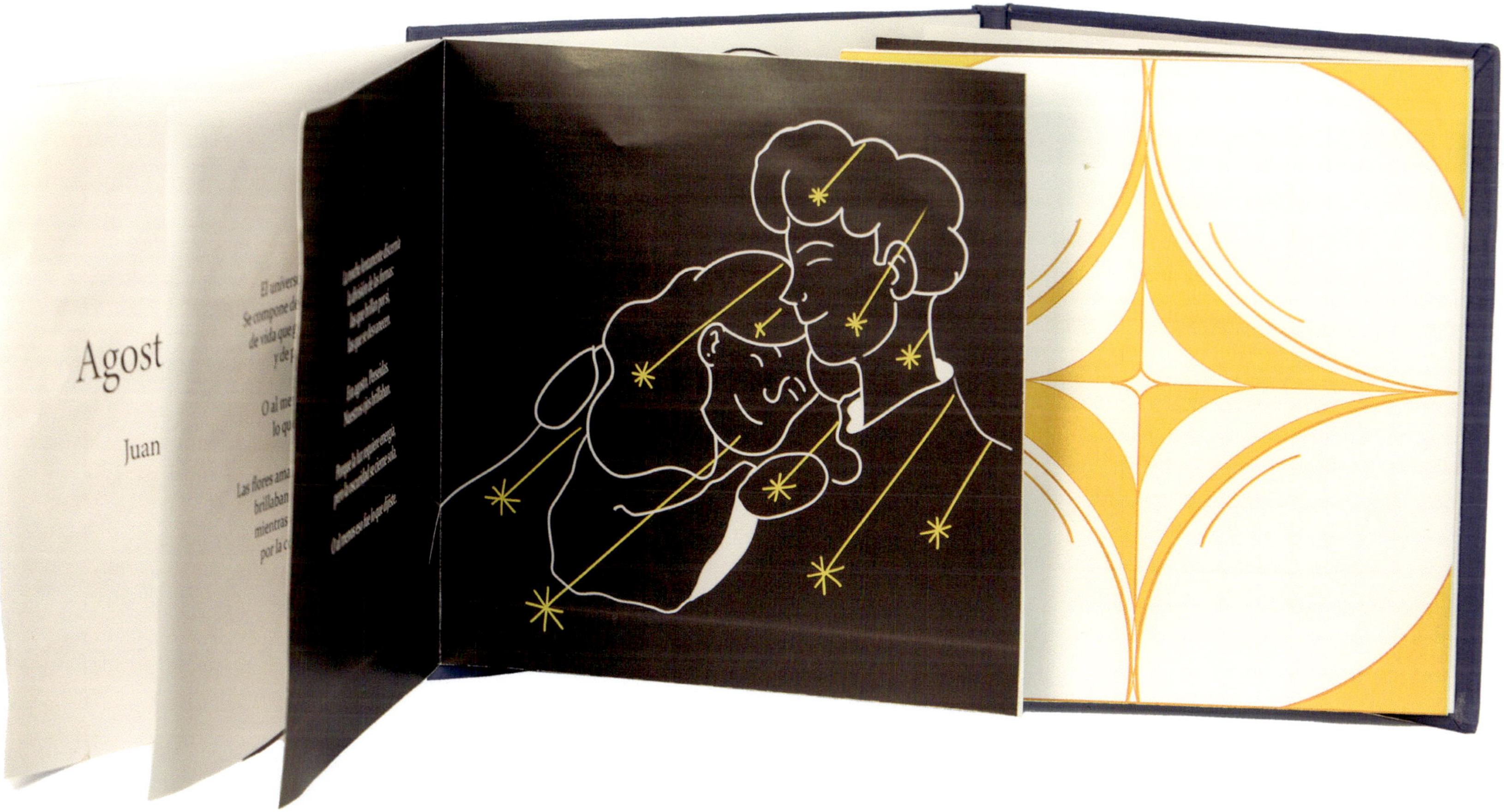

Mar Serrano Barajas

Descripción

Mi libro de artista consiste en un sobre con un bolsillo y, dentro, contiene una ilustración. En el bolsillo hay una carta, que está doblada mediante papiroflexia, en la cual está escrito el poema y dos ilustraciones, ambas en cada cara del papel .

TIPOLOGÍA	Libro de artista (un sobre con una carta).
TÉCNICA	La técnica que he usado para las ilustraciones es en digital con el programa de Photoshop. La carta ha sido impresa en papel offset y el sobre en cartulina.
TAMAÑO	El tamaño tanto del sobre como de la carta es un A3 (29,7 x 42 cm)
N.º PÁGINAS	3

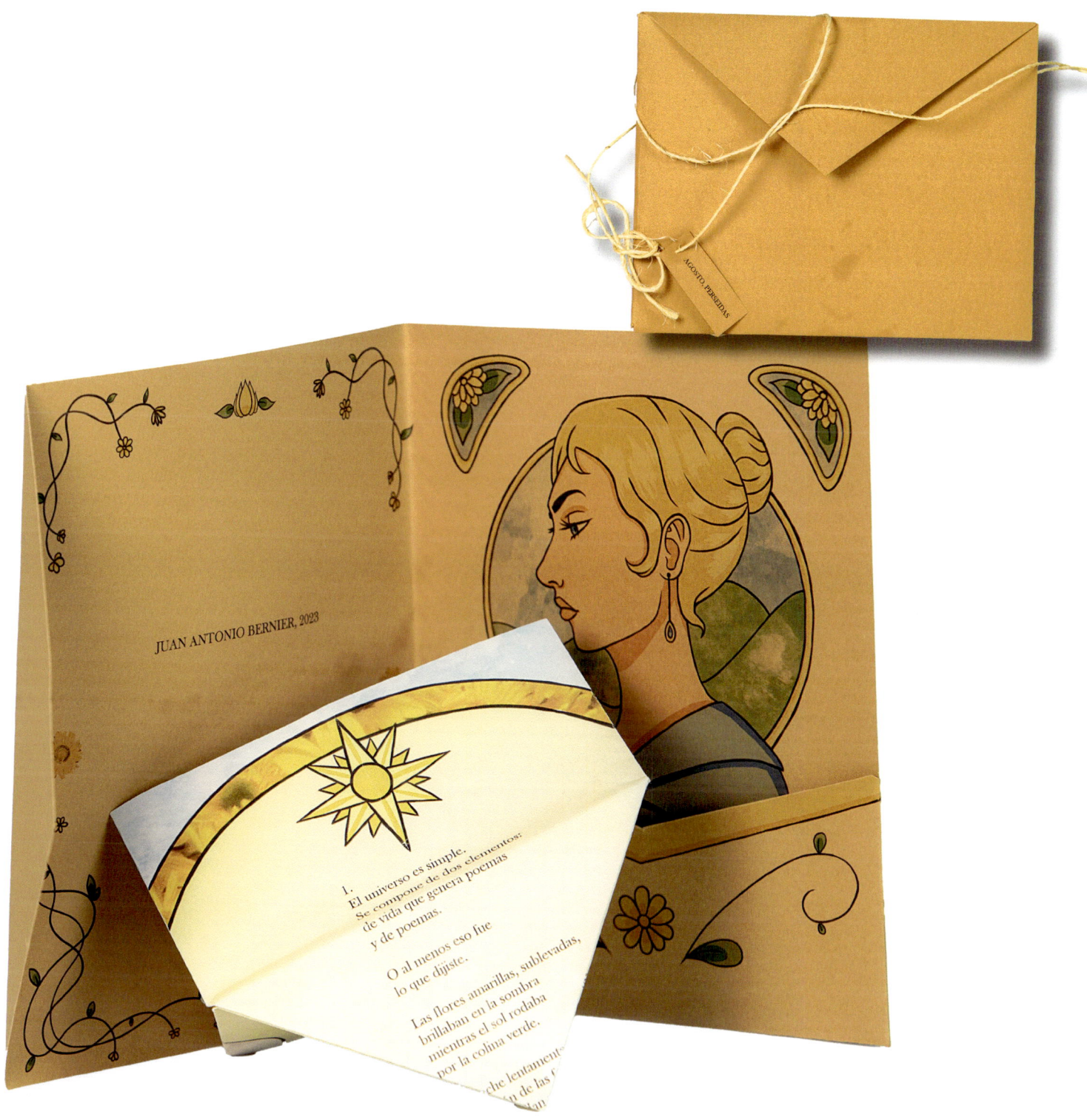

JUAN ANTONIO BERNIER, 2023

1.
El universo es simple.
Se compone de dos elementos:
de vida que genera poemas
y de poemas.

O al menos eso fue
lo que dijiste.

Las flores amarillas, sublevadas,
brillaban en la sombra
mientras el sol rodaba
por la colina verde.

AGOSTO, PERSEIDAS

Manuel Siles Higueras

Descripción

En el libro se trata el tema del poema: trata de la lluvia de estrellas de Agosto. El libro es tipo tríptico el cual presenta dos lados de temáticas opuestas, siendo en un lado un entorno exterior iluminado, con luz que representa libertad y amplitud mientras que en la otra cara se representa un área interior oscura, cerrada, pequeña y solitaria a modo de representar un yin-yang. Este efecto yin-yang se ve marcado por las paletas de color.

Para tratar el tema desplegable, el texto de la poesía está descubierto en dos párrafos, mientras que los otros dos permanecen ocultos, en los que se deben desplegar varios elementos para poder ser vistos.

Tipología	Tríptico con elementos pop-up
Técnica	Papel 150gr doble en el tríptico principal, papel 150gr simple en las vistas inferior y superior
Tamaño	12,5 cm x 12,5 cm (cerrado) 25 cm x 12,5 cm x 12,5 cm (abierto)
N.º páginas	4

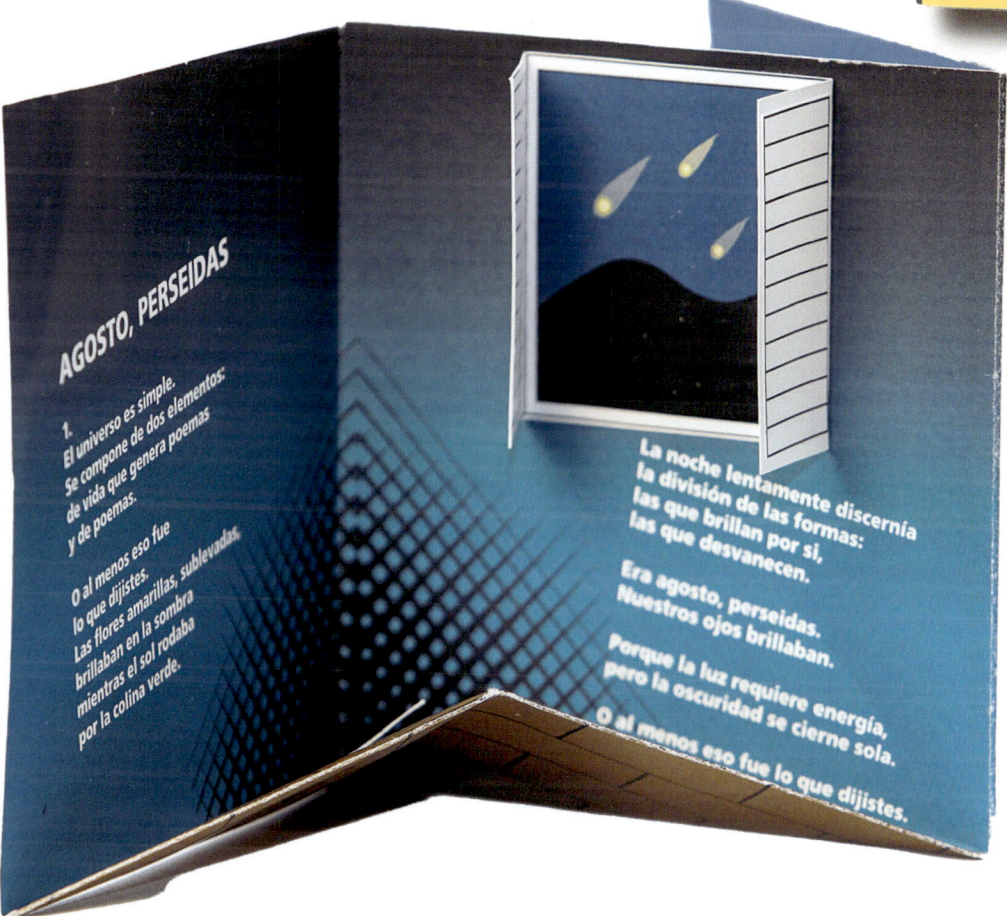

AGOSTO, PERSEIDAS

Juan A. Bernier

AGOSTO, PERSEIDAS

1.
El universo es simple.
Se compone de dos elementos:
de vida que genera poemas
y de poemas.

O al menos eso fue
lo que dijiste.
Las flores amarillas, sublevadas,
brillaban en la sombra
mientras el sol rodaba
por la colina verde.

La noche lentamente discernía
la división de las formas:
las que brillan por si,
las que desvanecen.

Era agosto, perseidas.
Nuestros ojos brillaban.

Porque la luz requiere energía,
pero la oscuridad se cierne sola.

O al menos eso fue lo que dijistes.

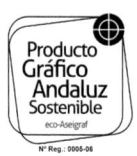
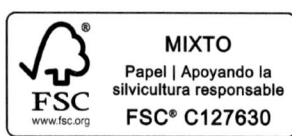